# 人生読本

谷口雅春

*Masaharu Taniguchi*

光明思想社

# 編者はしがき

## ――人生のガイドブック『人生読本』で無限の可能性を伸ばしましょう――

本書は、月刊誌「光の泉」昭和十一年三月号から「『光の泉』講話」と題されて三年間にわたって連載《れんさい》され、昭和十三年に単行本《たんこうぼん》にまとめられて出版されたが、今日まで、主に子供の教育書として長く愛読されてきた谷口雅春先生の名著《めいちょ》の一冊である。著者《ちょしゃ》「まえがき」の冒頭《ぼうとう》で、「この本は、人間の幸福と愛児《あいじ》のあらゆる性質《せいしつ》を伸《の》ばすために書いたのである。親にも子にも両方とも読んでいただけば、諸君《しょくん》はそれで幸福になり、愛児はあらゆる点で優良《ゆうりょう》になれるのである」と示されているように、本書は人が本来、持っているところの〝無限の可能性〟を伸ばすために書かれた〝人生のガイドブック〟であると言える。

実際、第一章の「読本《とくほん》の生かし方」に始まり、「希望の生かし方」「信念《しんねん》による幸運《こううん》の生かし方」「智慧《ちえ》の生かし方」「能力《のうりょく》の生かし方」「生命《せいめい》の生かし方」「他人の生かし方」「時間の生かし方」「表情動作《ひょうじょうどうさ》の生かし方」などに至《いた》るまで、懇切丁寧《こんせつていねい》にあらゆる性質《せいしつ》の〝生かし方〟〝伸《の》ばし方〟が示されている。

「人間は神の子である」というのが、著者《ちょしゃ》の光明思想《こうみょうしそう》の中心にあるものである。「神の子」であるということは神の持つあらゆる善《よ》き性質——無限の智慧、愛、生命、喜びなどの宝物——を継承《けいしょう》、内蔵《ないぞう》しているということであるが、この一大事実を自覚しない限りはそれらの宝物は死蔵《しぞう》したままということになる。ちょうど、莫大《ばくだい》な遺産《いさん》があっても、その存在《そんざい》に気づかず、その使い方も知らなければ宝の持ちぐされになるようなものである。これまで人類はその内蔵するところの宝物の存在に気づかず、その〝生かし方〟も教えてこられなかったばかりに、持てる力のほとんどを発揮《はっき》できずにきたのである。それればかりか、生命力《せいめいりょく》を逆用《ぎゃくよう》して病気になったり、貧乏《びんぼう》になったり、失敗したりしてきたのではないだろうか。

具体的には、「第一章」の「読本《とくほん》の生かし方」では、「神様、仏様の智慧《ちえ》の光を輝かせて、明るい所を安心して歩ける世の中を、わざとその光を、真黒《まっくろ》な『迷《まよ》い』という風呂敷《ふろしき》で包みかくして、真黒な所を歩き廻《まわ》っているのです。そうして、『僕《ぼく》の家はどうしてこんなに貧乏《びんぼう》なのだろう。私のお母さんはどうして病気ばかりしているんでしょう』なんて泣き言《ごと》を言っているのです」と説かれている。この「迷い」をとるには、この読本を毎朝少しでも必ず読むことであり、「自分は迷《まよ》い児《ご》ではない神の子だというヘッドライトを心に点《とも》すのです。真暗《まっくら》な中を、ヘッドライトをつけないで走る自動車は衝突《しょうとつ》します。人生を、真理を知らないで走ろうとすると、衝突したり、溝《みぞ》へおちたりするのです。この『人生読本』で照らされて進む者は幸《さいわ》いです。仕事でも勉強でもグングン進みます」と、懇切丁寧《こんせつていねい》に本書の生かし方について説明されている。

さらに著者は、この読本を読んだならば、その中で教えられていることを素直《すなお》に実践《じっせん》することを勧《すす》めている。例えば、第六章「疲労《ひろう》を感じない力の生かし方」では、電車で学校や会社などに通うときに、その電車の中で静かに眼《め》をつぶって次のように唱《とな》える実《じっ》践方法《せんほうほう》が紹介《しょうかい》されている。

「わがたましいの底の底なる神よ、
無限の力よ、湧《わ》き出《い》でよ!」

と呼び掛けて、「私は無限の力に護《まも》られているんだ! 疲《つか》れない! 疲《つか》れない! 人間、力は無限力だ」と、数回心の中で一心《いっしん》に繰返《くりかえ》す方法は、我《われ》らが疲れなくなる、そして無限の働く力や無限の勉強する力が湧いて来る、最も簡単《かんたん》な神想観《しんそうかん》です。

著者によると、これを毎日続ければおびただしい自信がつき、素晴《すば》らしい能力《のうりょく》が出てくるばかりか身体《からだ》が健康《けんこう》になり、記憶力《きおくりょく》がよくなり、勉強がよくできて、仕事の能《のう》率《りつ》が上《あ》がり、人からは歓《よろこ》ばれ、そこに立身出世《りっしんしゅっせ》の基礎《きそ》が築かれるという。

本書では他《ほか》にも誰《だれ》にでもできる実践方法《じっせんほうほう》が示されている。「最も楽しくなる方法」、

「幸福になるには」、「出世するには人を嫉《ねた》むな」、「仕事の面白《おもしろ》みを出す方法」、「上役《うわやく》と調和《ちょうわ》する道」、「人に好かれるコツ」、等々《とうとう》、読者はその一つでもよいから、毎日少しずつ実践《じっせん》していかれると、生活が一変されることに驚かれるであろう。

このように本書は、「『生命《せいめい》の實相《じっそう》』の一層易《やさ》しい文章での普及版《ふきゅうばん》」（本書「まえがき」）になっており、子供はもとより誰《だれ》もがすぐに自分の生命を伸《の》ばすことのできるガイドブックになっている。現代のように確かな指針《ししん》を失って、もがき苦しんでいる人達が多いのを見るとき、本書を人生の灯台《とうだい》にして「神の子」本来の光の道を歩んでいただきたい、と思わずにはおれない。

ここで本書で紹介《しょうかい》されている誰《だれ》もが人生の勝利者になれるとっておきの方法を一つ紹介しておこう。それはいたって簡単《かんたん》である。成功の秘訣《ひけつ》も、立身出世《りっしんしゅっせ》の秘訣も、「精《せい》神一到《しんいっとう》」、どこどこまでも「ただ成《な》れる――成れるで突《つ》き貫《とお》す」（「第十七章「精神力の生かし方」）ことである。これから何かに「なろう」ではなく、われわれ「神の子」は既《すで》に無限の能力《のうりょく》を持っているのであり、あとはその可能性《かのうせい》を「成《な》れる」「成れる」「できる」「できる」……と、コトバの力で引き出せば大人物にもなれるのである。「人間は、なりたいものになれるのではなく、なれると思うものになれるのです」と説《と》かれる所以《ゆえん》である。

最後に、日本の未来を担《にな》う子供たちを集めて本書の輪読会《りんどくかい》を開かれることを願ってやまない。本書の持つ「コトバの力」で子供の〝無限の宝庫《ほうこ》〟の鍵《かぎ》を開けることができるからである。

平成二十二年十一月二十二日

谷口雅春著作編纂委員会

# まえがき

この本は、人間の幸福と愛児《あいじ》のあらゆる性質《せいしつ》を伸《の》ばすために書いたのである。親にも子にも両方とも読んでいただけば、諸君《しょくん》はそれで幸福になり、愛児はあらゆる点で優《ゆう》良《りょう》になれるのである。本文《ほんもん》の全部を読んでもらってから、〝まえがき〟を読んでもらった方《ほう》が好《よ》いであろう。実《じつ》は本文の用語《ようご》よりも〝まえがき〟の用語の方がむつかしいのである。それなら〝まえがき〟などは要《い》らないではないかと考える人もあろうが、〝まえがき〟は私がこの本をどんなに苦心して易《やさ》しく書いたかという由来書《ゆらいが》きとして是非《ぜひ》書いて置きたいのである。

今まで随分《ずいぶん》やさしい文章で私は『生命《せいめい》の實相《じっそう》』(編註・著者の主著で、昭和七年の初版以来、各種各版が発行され、累計二〇〇〇万部近くを数える）という本を書いてきたのである。禅《ぜん》宗《しゅう》（編註・仏教の一派で、達磨《ダルマ》大師が祖と言われている）などで不立文字《ふりゅうもんじ》と言われて、どんな難《むつ》かしい文字《もんじ》を使っても文字《もんじ》にあらわすことができないところの、ただ悟《さと》れる人格《じんかく》と人格とが直接相触《あいふ》れることによってのみ、心と心との感応道交《かんのうどうこう》によってのみ悟り得《う》るところの人間生命の実体《じったい》をば、ともかくも私は『生命《せいめい》の實相《じっそう》』の本に、かなり易《やさ》しい文字《もんじ》で書くことに成功したのである。成功したと自分で書くことは気が引けるが、そう読者《とくしゃ》が讃《ほ》めてくれ、皆《みん》なが救われたと感謝《かんしゃ》してくれ、お負《ま》けに恐怖心《きょうふしん》がなくなったので、成績《せいせき》があがり、健康が増進《ぞうしん》し、今まで不治《ふち》だと思っていた病気までずんずん治《なお》ったと喜んでくれたのである。

私は「実相《じっそう》」というような説明しにくい、禅宗《ぜんしゅう》などで言えば「暗《やみ》の夜《よ》に鳴かぬ烏《からす》の声きけば生れぬ先の父ぞ恋《こい》しき」（編註・作者不詳。一休作とも白隠作とも伝えられる）などとでもいうより仕方《しかた》のない、難《むつ》かしい意味の言葉を、「本当にあるもの」とか「本当のすがた」とかいう大胆《だいたん》な通俗語《つうぞくご》を使うことによって、難《むつ》かしい哲学的《てつがくてき》、宗教的語彙《しゅうきょうてきごい》を使

まえがき

うよりも却《かえ》って判《わか》り易《やす》く表現《ひょうげん》することに成功したのである。

しかしそれでも『生命《せいめい》の實相《じっそう》』の本では中学卒業以上の学力《がくりょく》のない人にはまだ難《むつ》かし過《す》ぎるから、もっと易《やさ》しく書いたものがあったら子供にも読ませたい、文字少ない人にも読ませたい、老人《としより》にも読ませたいから是非《ぜひ》書いて欲《ほ》しいと諸方《しょほう》からたのまれたのである。

難《むつ》かしい文字《もんじ》を使って難《むつ》かしいことを書くのは容易《たやす》いことであるが、小学校の学力《がくりょく》でも読めるような文字《もんじ》で、難《むつ》かしい真理《しんり》を書くのはなかなか大事業《だいじぎょう》でそう一ぺんに書けることではない。

そこで私は先般来《せんぱんらい》『光《ひかり》の泉《いずみ》』(編註・昭和十一年に創刊され、現在は誌名変更されている)という易《やさ》しい文字《もんじ》の雑誌を作って、毎月少しずつ『生命《せいめい》の實相《じっそう》』の真理を、子供にも老人《としより》にも読めるやさしさで書き綴《つづ》って行《ゆ》くことにした。その『光の泉』に連載《れんさい》したやさしい真理の文章の大部分をひとまとめにしたのがこの『人生読本《じんせいとくほん》』である。そんな訳でこの書は『生命の實相』の一層易《やさ》しい文章《ぶんしょう》での普及版《ふきゅうばん》だということができると思う。

嘗《かつ》て毎月『光の泉』の誌友《しゆう》たちが、近隣《きんりん》または社宅《しゃたく》の子供たちを集めて、「光の泉輪読《ひかりいずみりんどく》会《かい》」というのを催《もよお》して、成績《せいせき》や健康や性格の改善《かいぜん》に効果を挙《あ》げたことがあったのであるから、この『人生読本《じんせいとくほん》』も、そんな輪読会で輪読するためのテキストにして、順番に読んでもらえば好結果《こうけっか》を来《きた》すだろうと信じている。終戦後《しゅうせんご》、文字《もんじ》を易《やさ》しくし加筆《かひつ》したが、更《さら》に読者《とくしゃ》の要望《ようぼう》絶《た》えないので今回、新カナ当用漢字《とうようかんじ》の改訂版《かいていばん》を出すことにしたのである。

昭和四十七年一月十五日

著者しるす

# 人生読本　目次

編者はしがき

まえがき

## 第一章　読本《とくほん》の生かし方



## 第二章　希望の生かし方

## 第三章　信念による幸運の生かし方



## 第四章　智慧《ちえ》の生かし方

## 第五章　能力の生かし方



## 第六章　疲労《ひろう》を感じない力の生かし方



## 第七章　生命の生かし方

## 第十章　働きの生かし方



## 第十一章　時間の生かし方

## 凡例

一、本書は、昭和四十七年二月十日初版発行の『人生読本』を底本とした。

一、現在、修飾語としては用いられない漢字(凡、徒、等)は、ひらがなに改め、読者の便を図った。

一、本文中、誤植の疑いがある箇所は、昭和十三年に発行された『光の泉　人生讀本』を参照し、同じ表現、同じ表記の場合はそのままとした。

一、本文中、意味や内容に関して註釈が必要と思われる箇所は、著者による注記とは別に、編者註として括弧を入れた。

# 第一章　読本《とくほん》の生かし方

# この『人生読本《じんせいとくほん》』を読む人に

東のお山の陰《かげ》から太陽の光が木《こ》の間《ま》を通して輝き出す頃《ころ》、小鳥たちは朝をよろこぶ歌をうたっているかのように、キラキラ光る木《こ》の葉《は》の間を飛び廻《まわ》りながら、チチチチと鳴きかわしています。母は台所でコトコトとお野菜を刻《きざ》みながら、学校へ行《ゆ》く子供のことを思いやって、「今日《きょう》もまたお天気らしい」と安心し、会社に出かける良人《おっと》も、野良《のら》(編註・田畑のこと)に出て働く父も、うがいをしながら、まずお空を見上げてホッとします。太陽の光はこのように誰《たれ》でもをよろこばせ安心させます。この太陽の光こそあなたの光の泉であり、生命の源《みなもと》なのです。

この太陽の光のように、あなたの心に無限の力を吹き込んでくれる心の太陽光線の役目をするのが、この『人生読本《じんせいとくほん》』です。

## あなたの心の中にも太陽がある

あなたは海の日の出を見たことがありますか？　海から昇《のぼ》る太陽はとても大きい。海の向《むこ》うから大きな太陽が真赤《まっか》な姿でゆらゆらと昇って来ますと、広い波の面《おもて》にそれが照り輝いて、キラキラと、幾万《いくまん》という波の唇《くちびる》が太陽を賞《ほ》め讃《たた》える歌を歌っている光景《こうけい》は何とも言えない美しさです。澄《す》み切った空気の中に立って、それをじっと見ていてごらんなさい。誰《たれ》だって拝《おが》みたい気持《きもち》になります。そういう美しい光景《ありさま》を見て、私達はなぜ拝みたくなるのでしょうか。

それは、あなたの心の中にこの太陽と同じ光があるからなのです。あなたの心の光が、「ああ何て美しい、すばらしい景色《けしき》だろう」と感じたからなのです。それはあなたの心の中に神様から戴《いただ》いた光です。この光は、暗いということを知らない光です。

そうでしょう、光のある所に暗い所はありません。私達の心は暗いことを知らないはずなのです。暗いこととは何でしょう。それは、「あれが悪い、これが悪い」と悪い所を見つける心を言うのです。太陽を見ると心が明るくなりましょう。曇《くも》った空を見ると心が暗くなりましょう。それと同じく人の善《よ》い所を見れば自分の心が明るくなり、人の悪い所を見れば心が暗くなります。皆さん、これから「あれが悪い、これが悪い」と見つけないで、そのかわり人の「善《よ》い所」ばかり見つけるようにしましょう。それが、あなたを太陽のように明るくし、健康《けんこう》にするのです。

## 善魂《ぜんだま》と悪魂《あくだま》

小さい子供は時々、誰《たれ》に迷惑《めいわく》がかかろうと一向《いっこう》おかまいなしで、自分のしたい事をしてよろこんでいることがあります。あれはまだ、光と暗《やみ》との区別が判《わか》らないのです。赤ん坊は生れたとき二十日《はつか》ぐらいは眼《め》が見えません。それと同じく、幼い子供が人の迷惑になることを平気でするのは、まだ心の眼《め》がひらかないからです。これは「光」の行《おこな》い、これは「暗《やみ》」の行《おこな》い、という区別がわからないからなのです。

だが、あなた方はもう赤ん坊ではない。「こんな事をしたら人が困るだろう」ということをちゃんと心得《こころえ》ています。けれども心得ていながら、悪いなと思いながら、ついやってしまったことがあったでしょう。今までの人間は、「人間の心の中には善魂《ぜんだま》と悪魂《あくだま》とがあるのだ。そして悪魂《あくだま》のはたらくときには、知らずしらず悪いと思うことでもやってしまうので、これはどうにもしかたがないのだ」とあきらめていたのでした。「人間は神様でないからしかたがない、あんな事をしたって、人間だもの無理《むり》はないのだ。人間というものは、こういう悪いものなのだ、こういう弱いものなのだ」ときめてかかっていたのです。こう人間を、始めから「悪い、悪い」ときめてかかって悪い所ばかりに眼《め》をつけていては、どんな偉《えら》い人でも善《よ》くなれっこはありません。曇《くも》り日《び》を見ていれば、誰《たれ》でも心が暗くなってくるのと同じことです。

## 聖《せい》パウロの話

昔、イエス・キリスト（編註・紀元一世紀初頭に中東で教えを説いたキリスト教の始祖）という聖人《せいじん》がありました。その方《かた》のお弟子《でし》にパウロ（編註・新約聖書の著者の一人）という人があって、「自分の心の中には善《よ》い心と悪い心と二つあって、『自分がこんなふうにするのは善い事だからこうしよう』と思っていても、別の悪い心がとび出して来てそれをさせない。かえって『こんな事はよそう』と思う事をついやってしまうのだ。これでは、いつまでたっても善い人になることはできない。ああ自分はどうしたらよいのであろう」とおっしゃって悲しまれた。その事が聖書《せいしょ》（編註・ユダヤ教、キリスト教の教典）の中に書いてあります。そうして今までは、このパウロの悲しみを、「ほんとうにそうだ、私にはそういうところがある。あんな偉《えら》いパウロでさえ、そういう悪い心があったのだもの、私が悪いのくらいはあたり前だ」なんてパウロの言葉をいいことにして、悪い心で平気でしまっておく人もあったのです。

## 悪い心は無《な》い、無いから消える

しかし、人間をそんなに悪いものだと考えたり、人間は神様でないんだと考えたりしたのでは人間は善《よ》くなることはできないのです。人間の心の中に善魂《ぜんだま》と悪魂《あくだま》との二つがいつも闘《たたか》っていると考えていては、或《あ》る時は善魂《ぜんだま》が勝つかもしれないけれども、或る時は悪魂《あくだま》が勝つかもしれないのです。そんな頼りない考えでは人間は善い事はできません。私達は、「人間は神の子だから、そんな悪魂《あくだま》なんか無《な》い」と考えるのです。「悪いと思ったがついやってしまった。」そんな弱い、自分の良心《りょうしん》に従うことができないような弱虫《よわむし》の人間はいなかったのです。暗《やみ》の所へ光を持って来れば暗《やみ》は消えるでしょう。暗《やみ》は無いものだから消えるのです。今度は光を点《とも》しておいて、暗《やみ》をその前に置いてごらんなさい。やっぱり暗《やみ》の方《ほう》が消えてしまうでしょう。暗《やみ》はあるように見えても無いものだからです。悪魂《あくだま》も、「悪い心」も「ある」ように見えても、この暗《やみ》と同じく、もともと無いものですから、「善《よ》い心」さえ出せば、消えてしまうのです。それはほんとうの事なのです。神様は、そんな悪魂《あくだま》を私達に生みつけにはならなかったのです。なんというありがたいことでしょう。私はこの事を知ったとき跳《と》び上《あが》るほど嬉《うれ》しかったものです。私達は神と同じすがたにつくられた「神の子」だったのです。神という語《ことば》のかわりに、仏《ほとけ》と言っても同じことです。あなたのお家《うち》が仏様《ほとけさま》を拝《おが》んでいるならば仏様と言いましょう。仏様は御自分と同じ心にあなたの心をおつくりになったのです。あなたは仏の子なのです。それだのに人間は長い間「神の子」「仏の子」であることも忘れて迷《まよ》っていたのです。では「迷う」とはどんな事でありましょうか。

## 迷っている時に『人生読本《じんせいとくほん》』を

あなたは「迷《まよ》い児《ご》」になって泣いている児《こ》を見たことがあるでしょう。迷い児はお母さんからはぐれてしまって、どっちへ行っていいか解《わか》らないで、泣いているのです。人間の心の迷《まよ》いも、それと同じなのです。私達をつくってくださった「神様」「仏様」としっかり一緒《いっしょ》になっていれば、「神様」「仏様」の智慧《ちえ》の光の泉が心の中に湧《わ》いて出て、自分の行く道を照してくださるから、ふしあわせだの、悲しい思いだのはないのです。それだのに、自分で「神様の子でない、仏様の子でない、親なし子の迷《まよ》い児《ご》だ」と勝手に迷って光の泉の出口を塞《ふさ》いでいるのです。これを「迷《まよ》い」ともいい、「罪《つみ》」ともいうのです。「罪」というのは、ツツミというのと同じです。神様につくられたままの、善《よ》い心を包みかくしていることをいうのです。この神様につくっていただいたままの、よい心を包みかくしている人には、いろいろのふしあわせや、悲しみがついて廻《まわ》るのです。光を風呂敷《ふろしき》で包めば暗黒《くらやみ》になり、暗黒《くらやみ》の中で走れば衝突《しょうとつ》したり、ドブに落ち込んで着物をよごしたり、石につまずいて怪我《けが》をしたりするでしょう。「誰《たれ》だってそんな事をするおばかさんはありません」とあなたは考えられるでしょう。ところが世の中の人は、自分では気がつかないけれども、たいていそんな、ばかな事をしているのです。神様、仏様の智慧《ちえ》の光を輝かせて、明るい所を安心して歩ける世の中を、わざとその光を、真黒《まっくろ》な「迷《まよ》い」という風呂敷《ふろしき》で包みかくして、真黒な所を歩き廻《まわ》っているのです。そうして、「僕《ぼく》の家《うち》はどうしてこんなに貧乏《びんぼう》なのだろう。私のお母さんはどうして病気ばかりしているんでしょう」なんて泣き言《ごと》を言っているのです。それはちょうど、ドブにはまった人が着物をよごして困ったり、石につまずいて怪我《けが》をして苦しんでいるのと同じなのです。これが「迷い」というものなのです。これで「迷《まよ》い」と「罪《つみ》」ということがはっきりわかりましたでしょう。では吾《われ》らは、これから、「神様」「仏様」につくっていただいたままのよい心を、「迷《まよ》い心《ごころ》」で包みかくさないことにいたしましょう。それには、この『人生読本《じんせいとくほん》』を、毎朝《まいあさ》少しでも必ず読むことです。そして、自分は迷《まよ》い児《ご》ではない神の子だというヘッドライトを心に点《とも》すのです。真暗《まっくら》な中を、ヘッドライトをつけないで走る自動車は衝突《しょうとつ》します。人生を、真理を知らないで走ろうとすると、衝突したり、溝《みぞ》へおちたりするのです。この『人生読本《じんせいとくほん》』で照らされて進む者は幸《さいわ》いです。仕事でも勉強でもグングン進みます。

しかし、この『人生読本』をお読みになったら、その中に教えられているとおりの道を、素直《すなお》に歩むことが大切です。せっかく「光」が、この道は雪融《ゆきど》けの悪い道だと知らしているのに、我《が》を張って無理に悪い道をお歩きになっては、あなたはやっぱり足をよごしたり、引っくり返ったり、冷たい思いをしなくてはなりません。だけども、もうあなたは神の子だということがわかったのです。あなたの心の中には、悪い心は無《な》いのだということが解《わか》ったのです。あなたは神につくられたままの素直な素直な神の子でした。あなたはこの『人生読本《じんせいとくほん》』を読んだらすぐ実行なさいます。言葉の力が心の中にしみこんで、知らずしらず、実行できる気持《きもち》になれるように書こうとしたのが、この本です。読んでいるうちに、あなたの心が善《よ》くなり、行《おこな》いが善くなり、健康《けんこう》になるのです。

# 第二章　希望の生かし方

# 人間はなぜ偉《えら》くなりたいか

誰《たれ》でも今より善《よ》くなりたい、偉い者になりたいと思います。これは大人《おとな》でも子供でも同じことです。「では、なんの為《ため》に今より善くなりたいのですか、偉い者になりたいのですか」と尋《たず》ねられたら、子供はもちろん、大人でもなかなか急には答えられないでありましょう。「なんのために今より善くなりたいのだろう、なんのために偉い者になりたいのだろう。」あなたは今考えています。偉くなったら、お金ができて、おいしいものが食べられて、美しい部屋《へや》の中で住めるからなのでしょうか。そうしたら、もう既《すで》にお金があっておいしいものが食べられて、美しい部屋の中に住んでいる人は、何も勉強しませんか、何も仕事をしませんか。そんなことはありますまい。もう既《すで》にお金があって、おいしいものが食べられて、美しい部屋の中に住んでいる人だって、ますますよくなり、いっそう偉くなりたいと思って、勉強もすれば、仕事もし、働きもします。

それはなぜでしょうか。私達は考えてみたいと思います。

## 生きているから伸《の》びる

私達がなおなお、いっそうよくなり偉《えら》くなりたいのは、私達自身の本来の性質《せいしつ》なのです。山野《やまの》の草木《くさき》は春が来たらスクスク伸びるでしょう。これは他《ひと》より偉くなって、他《ひと》を突《つ》き倒《たお》して、自分だけが偉がるためではありません。草木《くさき》には生命《いのち》というものがある。生命《いのち》のあるものは何でも伸びるのです。生命《いのち》の無《な》くなった枯木《かれき》なら伸びません。生命《いのち》というものは伸びるものなのです。私達も生きているから生命《いのち》がある。生命《いのち》があるから伸びるのです。伸びないものには生命《いのち》がありません。伸びなければ生命《いのち》があっても無《な》いのと同じことです。生命《いのち》は伸びるのが本来《うまれつき》なのですから、伸びなければ不快《ふかい》を感ずるのです。伸びなければ喜びを感じられないのです。だから生命《いのち》は伸びるのです。他《ひと》を突き倒すためではありません。虚栄心《きょえいしん》ではありません。いばるためではありません。私達には生命《いのち》があるのです。生命《せいめい》があるのです。では、生命《せいめい》のある私達は伸《の》びよう、どこまでも伸びて行《ゆ》こうではありませんか。

## 伸びるためには働かねばならぬ

「生きている」と「死んでいる」との区別はどうしてわかりますか。今そこを歩いていた虫が、静かになってもう動かなくなった。いじくって見てもどうしても動かぬ。動いていた間をその虫は生きていたといい、動かなくなってから後《のち》を、その虫は死んでしまったと申します。そうすると、「生きている」と「死んでいる」との相異《そうい》は、動くと動かないとの相異《ちがい》です。草や樹《き》でも生きている間は水を吸い上げたり、日光の力を吸い込んだりして動いているのです。動くというのは生きているということなのです。動かねば死んでいるのです。では解《わか》りました！　生きている者は、お金があっても、もう既《すで》に出世《しゅっせ》していても、美しいお部屋《へや》に住んで、おいしい食べものが何不自由なしにいただけていても、やはり、みんな伸《の》びよう伸びようとして、勉強し、仕事をし、働いているのであります。

## 人生《ひとのよ》は旅、旅は道づれ

だけども、ただ自分ひとり伸びるだけではつまらない、とお考えになったことはありませんか。誰《たれ》ひとり、自分が伸びることを賞《ほ》めてくれないのはつまらない、とお考えになったことはありませんか。「他《ひと》が賞《ほ》めたり貶《けな》したりすることなどには頓着《とんじゃく》なしに、自分だけで伸びよ」と言う人もあります。しかし旅行しても一人《ひとり》ではつまらないものです。「あの景色《けしき》はいいね」「本当にあの山の緑は素晴《すばら》しいじゃないか」「あそこに河《かわ》が流れている」「真白《まっしろ》な帯のように見えますわ、とても美しいのね」などと、旅の道づれになった人たちと互いに話し合ってこそ、旅行も楽しくなり、脚《あし》の疲《つか》れも忘れて、知らぬ間《ま》にこんなにも長距離《ちょうきょり》を歩いて来たかということになるのでしょう。疲れないで、ひとりでに長距離《ちょうきょり》を進んでいる――人生もそんなものです。道づれがあるときには、楽にたのしくいつの間にか長距離の進歩ができるのです。生長《せいちょう》の家《いえ》の誌友会《しゅうかい》や青年会を、地方地方で催《もよお》して、互いに円《まる》く坐《すわ》って、この『人生読本《じんせいとくほん》』や『理想世界《りそうせかい》ジュニア版《ばん》』(編註・昭和四十年に創刊され、現在は刊行されていない)やそのほかの「生長の家」のいろいろな書物を、順々に読んで輪読会《りんどくかい》をなさるようにおすすめするのはその為《ため》です。輪読会《まるくすわってよむかい》のやり方は一冊ずつテキストになる本を持ち寄って、その集っている人が一節《いっせつ》ずつ順番に読んでひとわたり順々に読んでから、「その本の何ページのここは、私はこう思って感心しました」などと言って自分の感想《かんそう》を述べるのです。そうすると、ひとりで読んだら見逃《みのが》しているようなところでも気がついて深く考え感じられます。そして自分の生命《いのち》が伸《の》びるのです。ひとりでは見のがすような景色《けしき》でも、「君、あそこにあんな美しい景色があるよ、絵にでもなりそうじゃないか」と言われると、今まで見逃していた景色の良《よ》さがわかるように、いっしょに集って読んで感想《かんじ》を述べ合うと、今まで見逃していた人生の味というものが、わかってくるのです。カルタや将棋《しょうぎ》の味というものでも、そうと深さが広さがちがう、深さがちがう面白《おもしろ》いものなのですのに、この人生《ひとのよ》のゲームというものは、広さがちがう、深さがちがう、とても大きく深いものですから、その味わい方さえ知れば、人生《ひとのよ》くらい楽しいものはないのです。ですからこのような会は、人生《じんせい》の味というものを、しみじみ味わわせて、この世を楽しくさせてくれるものなのです。「読んだ、もう解《わか》った」で、捨てておけないのはその為《ため》です。同じ景色《けしき》のところでも、自分の大好きな人と話しながら歩くのは愉快《ゆかい》なものです。順々にひとりずつ輪読《よむ》ために、この『人生読本《じんせいとくほん》』は、ちょうど好《よ》い加減《かげん》のところで句切《くぎ》りが切ってあります。一人《ひとり》が小標題《こみだし》から、その次の小標題《こみだし》まで読めば、ちょうど好い加減です。「さあ、お次はそこにいらっしゃるあなたお読みください。」こう中心になる人が言って、順に読んでいただくのです。読む人は、ハッキリと区切りを切って、皆さんによく判《わか》るように読んでください。近所の子供さんたちを集めて、教育に興味《きょうみ》のある青年が、読み方を手つだってあげる会を作るのも面白《おもしろ》いでしょう。知らぬ間《ま》に子供の学力《がくりょく》が上《あが》り、心が善《よ》くなり、天才があらわれて来ます。

## 絶《た》えず伸《の》びれば天を摩《ま》す

生命《せいめい》は日に日に伸びている。生きているものは、ジッとしているように見えている植物ですらも、一瞬《いっしゅん》一瞬伸びているのです。天にとどくほどの大木《たいぼく》でも、いっぺんに伸びたのではありません。見ていると眼《め》に見えぬほどに少しずつ伸びて、あれほどの高さにまでなったのです。眼《め》に見えぬほどの伸び方でも、一瞬一瞬少しも怠《おこた》らずに伸びて行《ゆ》く者は、天にとどくほどの大木《たいぼく》になるのです。一瞬一瞬伸びないでいて、何か素晴《すば》らしい機会《おり》があったら、伸びてやろうと思っている者は、結局いつまでも伸びることができないものです。

一等すばらしい機会《きかい》は「今」だ、ということを知らねばなりません。「今」が一等すばらしい機会なのです。今伸びないでいて、花咲く時期が来たときに、いっぺんに素晴しく伸びてやろうと思っても、そういうわけにはゆかないのです。花は、花咲くときに咲くのではありません。花は蕾《つぼみ》の中にあるのです。まず蕾を用意しなければなりません。蕾は、蕾のできたときに初めてできるのではありません。梅の蕾を見てごらんなさい、まだ葉も出ないうちに、点のような小さな芽の中にその蕾はあるのです。しかしその点のような小さい芽は、その芽ができたときに初めて造られたものではありません。その栄養は土地の中にあったのです。また日光の中にあったのです。それを絶《た》えず植物の生命《せいめい》が吸い込んで、小さい芽の形に造り上げ、蕾の形に造り上げ、やがて花の形に造りあげたのです。どんな大きな仕事でも、でき上《あが》ったときにできたのではありません。不《ふ》断《だん》に、一瞬一瞬《いっしゅんいっしゅん》を、自分の伸《の》びる素晴《すば》しい機会《きかい》としてでき上ったのです。

世の中の偉《えら》い人という偉い人、真に偉人《いじん》といわれるような人は、皆《みな》こういうようにして自分を伸ばした人なのです。

## 春の新芽《しんめ》は冬できる

うまくズンズン伸《の》びる時には、楽しそうで元気が出て、愉快《ゆかい》に勉強したり、仕事をしたりしますけれども、一つ好《よ》い具合《ぐあい》に行《ゆ》かなくなるとしょげてしまって、いじけてしまって、ふさぎ込んで何もできなくなる人がありますが、そんなことでは本当に伸びることはできません。うまくズンズン伸びる時には、その伸び方がしっかりしていないものです。植物でも、暖い楽な季節に伸びたところは、柔《やわら》かく伸びていてしっかりしていません。冬の寒い季節に伸びたところは、堅《かた》くシッカリとしているのです。人間も楽に伸びたところと、困難《こんなん》と闘《たたか》ってシッカリと伸びたところとが、互いに入れちがいに波のようになっているので、いろいろの美しさが生れてくるのです。植物でも、横に切ってみると、年輪《ねんりん》といって、渦巻《うずまき》のような木目《もくめ》の美しさがあるのはそのためです。樹木《じゅもく》はそうして一様《いちよう》に堅《かた》くあるよりも、一様に柔かくあるよりも、美しくて強くて弾力《だんりょく》があるのです。

## 困難《こんなん》と闘《たたか》えば人間の値打《ねうち》が出る

寒風《かんぷう》は木材に美しい年輪《ねんりん》を造り、貝殻《かいがら》の膜《まく》を傷つけられたアコヤ貝《がい》は、その傷と闘うために真珠《しんじゅ》を造るのです。薬を服《の》んで治《なお》るのも、薬の毒素《どくそ》と闘うために生きる力が奮《ふる》い起《おこ》って、病気もついでに治してしまうのです。昔から「艱難《かんなん》なんじを珠《たま》にす」という諺《ことわざ》があります。「難儀《なんぎ》は節《ふし》じゃ、節から芽が出る」といった偉《えら》い人もあります。生長《せいちょう》の家《いえ》の智慧《ちえ》の言葉(編註・『生命の實相』聖語篇「智慧の言葉」)には、「苦痛《くつう》の火の中にあって、自分のたましいが白金《はっきん》か鉛《なまり》か自問《じもん》せよ」と書いてあります。寒風《かんぷう》にあって、植物は夏よりもシッカリと伸《の》びるのです。人間も、楽なばかりが能《のう》ではありません。困難と闘うのは愉快《ゆかい》なものです。暖い平地《へいち》があるのに、ことさらに寒い山の中へスキーに行《ゆ》く人が多いのは、困難と闘うことが愉快だからです。

## 人間は伸《の》びるのが成功

成功というのは形ではありません。人間の値打《ねうち》が伸びるのが本当の成功です。形の上では、時には狡《ずる》い人も、卑怯《ひきょう》な人も、成功することがあります。しかし、人間の値打が伸びるのが本当の成功だとすると、骨折損《ほねおりぞん》ということが一つもないのです。ある日、学生が私のところへ来てこう申《もう》しました。「こんなに勉強して入学できなかったら骨折損だなァ。」

そこで早速《さっそく》、私はこう申しました。「入学できた時も、できなかった一分前も、あなたの値打は少しも変らないのです。『何々《なになに》大学生』というレッテルをつけても、レッテルをつけなくとも、中味《なかみ》は同じことです。安物《やすもの》の化粧品《けしょうひん》に、好《よ》い名前のレッテルを貼《は》っても、中味は上等にはなりません。レッテルを貼らなくとも、中味を十分吟味《ぎんみ》して、ていねいに造れば好《よ》いものができるのです。勉強はレッテルを造るためではありません。中味《なかみ》の値打《ねうち》を造るためです。勉強が中味の値打を造るためだと分《わか》ったら、勉強に骨《ほね》折損《おりぞん》ということはありません。」

## 仕事や勉強に骨折損はない

勉強に骨折損ということがないと同じく、仕事にも骨折損はありません。仕事はしたけれども、金が儲《もう》からなかったので、損《そん》をしたという人もなかにはありますが、仕事は金を儲けるためにするのではなく、金が儲かるのは副産物《おまけ》のお添え物《そえもの》なのです。仕事や勉強で本当に儲かるのは、自分の生命《せいめい》が練《ね》れたということです。自分の中味が、いっそうよくなったということです。十分練れなければ、餅米《もちごめ》はどんなに好《よ》い質でも好いお餅《もち》にはなりません。餅米《もちごめ》は搗《つ》かれれば搗かれるほど、よく練《ね》れて好《よ》いお餅になるのです。餅はよく練《ね》れて好いお餅になるのが目的であって、金を儲《もう》けるためではありません。人間もよく練れてよい人間になるのが目的であって、金を儲けることが目的ではありません。餅米《もちごめ》がよいお餅《もち》になってよい値段《ねだん》で売れることはお添《そ》え物《もの》です。人間もよい人間になるのが目的で、よい値段で売れることは付《つ》け足《た》しです。人間は仕事を余計《よけい》して損《そん》だということは決してありません。

## 人間の目的《もくてき》は「神の子」の値打《ねうち》を出すこと

人間は成功が目的ではない、立派《りっぱ》な人間になることが目的なのです。神様は人間の中に、「立派な人間」(神の子)を生みつけておいたのです。「立派な人間」がこの身体《からだ》の中に、私達の生れたときから生みつけられているのです。それは朝顔の黒っぽい種のうちに、赤や紫《むらさき》の美しい花が、はじめから生みつけられていたのも同じことです。朝顔の黒っぽい種が地上に植えつけられたのは、黒っぽい種のままでいることではなく、赤や紫《むらさき》の美しい花を咲かさんがためなのです。人間がこの地上に生れたのも、ただゴロゴロと石塊《いしころ》のように懶《なま》けているためではなく、自分の中に生みつけられている「立派な人間」の値打《ねうち》を、人生《このよ》の花として咲かさんがためなのです。金ばかり造って「立派《りっぱ》な人間」になれないのは、葉ばかり繁《しげ》って美しい花の咲けない朝顔と同じことです。肉体《にくたい》ばかり達者《たっしゃ》で、「立派な人間」になれないのは、茎《くき》ばかり伸《の》びて美しい花の咲けない朝顔と同じことです。せっかく、朝顔の種を植えたのに美しい花が咲かなかったら、その朝顔を植えたあなたは失望するでしょう。せっかく、神様が「神の子」の美しい値打《ねうち》を咲かすような人間を地上に生み出されたのに、その人間が「神の子」の美しい値打を咲き出さなかったら、神様は失望《しつぼう》なさるでしょう。人間は地上に「神の子」の値打を出すために生れたのですから、しっかり勉強し、仕事をし、誰《たれ》にでも深切《しんせつ》になり、仲《なか》よくなり、「神の子」の値打を出して、この世に人間が出た目的を果《はた》すようにいたしましょう。

## 神の子の値打《ねうち》を出すのは易《やさ》しい

誰《たれ》でもみんな「神の子」なのです。仏教《ぶっきょう》(編註・紀元前五世紀頃、北インドで興った宗教。

始祖は釈迦）の人なら「仏《ほとけ》の子《こ》」だといっても同じことです。人間が地上に生れた目的《もくてき》は、「神の子」の値打《ねうち》を出し、「仏《ほとけ》の子《こ》」の値打を出すためなのです。学問的《がくもんてき》な言葉で言えば、人間の生活は神の生命《せいめい》の自己実現《じこじつげん》だということです。しかし、そんな値打を出すことは難《むつ》かしいとお考えになりますか。ちっとも難《むつ》かしいことはないのです。誰《たれ》にも「神の子の値打」は生みつけられているのです。既《すで》に「神の子の値打」が自分の中にあるのです。自分の中にある値打を出すことは、蟇口《がまぐち》の中にあるお金を出すのと同じで、易《やさ》しい易しいことなのです。この自分の中にある値打を「天才」と言い「天分《てんぶん》」と申《もう》します。「人格」と言うこともあります。「良心《りょうしん》」と言うこともあります。「神の子の値打」が、智慧《ちえ》や才能《さいのう》の方《ほう》にあらわれたのが天才であり、天分であります。「神の子の値打」が、人柄《ひとがら》や心の善《よ》さの上にあらわれたのが、人格であり、良心であります。

自分の中に生みつけられている「神の子の値打」は、出そうと思えば楽に出るのです。「神の子の値打」は出すように生みつけられているのですから、出さなければかえって苦しいのです。たとえば、人間は善《よ》いことをするように、「神の子の値打」を生みつけられていますが、その「神の子の値打《ねうち》」を出さないで悪い事をすれば、良心《りょうしん》が苦しむのです。「神の子の値打」は出すほど楽しく、出さぬほど苦しいのです。だから善人《ぜんにん》はいつも楽しく、悪人はいつも苦しいのです。「神の子の値打」が、智慧《ちえ》や才能《さいのう》の方《ほう》にあらわれたら、学問《がくもん》がよくできます。仕事がよくできます。「神の子の値打」を出すように人間は造られているのですから、その値打が出た時には楽しいのです。楽しいほかはないのです。学問《がくもん》がよくできて出世《しゅっせ》した人にきいてごらんなさい、学問は楽しいと答えます。仕事のよくできるお友だちに尋《たず》ねてごらんなさい、仕事は楽しいと答えます。力は出すほど熱心《ねっしん》になればなるほど楽しいのです。

勉強したがらない人、仕事をしたがらない人、そんな人は「神の子の値打」を出さないのですから楽しくないのです。楽しくないから、なんとかして気を紛《まぎ》らそうとして、いろいろ善《よ》くない遊びをするのです。いろいろ善くない遊びをしても、それでは「神の子の値打」が出ないのですから、本心《ほんしん》からは楽しくなれないのです。遊んでいる間は気が紛《まぎ》れていますが、あとから良心が淋《さび》しくなって来て、またそれをごまかすために悪いことをするのです。人間は「神の子の値打《ねうち》」を出さない限りは、いつまでも淋《さび》しくて、本心《ほんしん》からは楽しくなれないのです。

こうして熱心《ねっしん》に「神の子の値打」を出すことは、勉強をすることでも、仕事をすることでも、世の中のためになることでも、人に深切《しんせつ》をすることでも、少しも苦しいことではない、非常に楽しいことになるのです。

私達が、ただお金を得《う》るために、食べ物を得るために、雨に濡《ぬ》れぬ住家《すみか》を得るために、学校の点をとるために、勉強をし、仕事をし、人に深切をするのであれば、勉強も、仕事も、深切も、面白《おもしろ》くなくなります。それは、その「ために」が間違《まちが》っているからなのです。私達は、自身の中に生みつけられている「神の子の値打」を出すこと、その事が喜びであるから、私達は仕事をし、勉強をし、深切をするのです。「神の子の値打」を出すように生みつけられている私達は、「神の子の値打」を出すときだけが本当に楽しいのです。どんなに貧《まず》しくとも、お金がなくとも、常に「神の子の値打」を出している人は楽しいけれども、どんなに金持《かねもち》でも、位《くらい》が高くとも自分の中に生みつけられている「神の子の値打《ねうち》」を出さないでいる人は楽しくないものです。

それでは、自分の中に生みつけられている「神の子の値打」を出すにはどうすれば好《よ》いか、その秘訣《ひけつ》を次にお話しいたしましょう。

## 自分の茶碗《ちゃわん》は自分で洗え

むかし趙州《じょうしゅう》和尚《おしょう》のもとで修行《しゅぎょう》をしていた一人のお坊《ぼう》さんが、ある日、和尚《おしょう》の前へ出て申《もう》しました。

「和尚さま、どうぞこの私《わたくし》に、修行のことで何か為《ため》になるお言葉をお聞かせくださいませ。私は、そのお言葉を守って、今後いっそう、勉強してまいりたいのでございます。」

趙州《じょうしゅう》和尚《おしょう》は、じっとお坊さんの顔を見ながら、さて静かに口を開かれました。

「あなたは、今朝《けさ》のお粥《かゆ》をいただきましたか？」

「はい、頂戴《ちょうだい》いたしました」と、お坊《ぼう》さんは答えながらも、少し意外《いがい》の面持《おももち》でした。何か、よほど偉《えら》い立派《りっぱ》なお教えでもいただけるかと待ちかまえていましたのに、今朝《けさ》、口にしたお粥《かゆ》の話なのですもの。

和尚《おしょう》は、しかし、頷《うなず》くとこともなげに申《もう》されました。

「では、あなた、そのお茶碗《ちゃわん》を洗っていらっしゃい。」

ハッ！と、ここで、お坊《ぼう》さんはわかったのです。なるほど、人間は、まず当り前のことができるようでなければならぬ。自分のたべた後《あと》のお茶碗《ちゃわん》ひとつ洗えないでは、本当に偉い人だとは言えないのだ。また、本当に偉いことは、お祭《まつり》のように大げさで、花々《はなばな》しい、目立った事の中にあるのではない、むしろかえって、最も目立たない、平凡《へいぼん》な事、当り前の事の中にある。人間はみんな神の子なのだから、当り前のことを、当り前に行《おこな》っても、その人は、それだけで、そのままで、もうちゃんと偉いのだ。こう、そのお坊さんは、始めてわかったのです。

## どんな仕事も神の仕事

皆さん、この世のことは、みんな心の所現《あらわれ》です。食後のお茶碗《ちゃわん》ばかりのことではありません。茶碗は女中《じょちゅう》さんがいて洗ってくれる家《うち》では、茶碗を主人や坊《ぼっ》ちゃんが洗わねばならぬことはない。しかし机の抽《ひ》き出《だ》しの始末《しまつ》も、履物《はきもの》のぬぎ方《かた》にも、みんな私たち自身の心のあらわれるものなのです。その一々《いちいち》のお始末《しまつ》は、そのままに私たち自身の「心のお始末」なのです。ですから、そのお始末は、決しておろそかにはできない、決して他人まかせにはできないのです。ひとつひとつ、みんな立派《りっぱ》な、自分の内にやどっている神様の力を生かすお仕事なのです。これが、ほんとうにわかった人こそ、ほんとうに偉《えら》い人だといえるのですよ。皆さん、「自分のお茶碗は自分で洗え」と言った趙《じょう》州《しゅう》和尚《おしょう》も偉ければ、ハッ！　とわかって、すぐにお茶碗を洗いにもどったお坊《ぼう》さんも偉い方でした。むかしキリストは、お弟子《でし》の足を洗ってあげたという話です。外国でも日本でも、ほんとうに偉《えら》い人達は、いつも一見《いっけん》、こんなに卑《いや》しい、つまらない、小さい、目だたないように見える仕事を喜んでして、自分を、自分の「心」を琢《みが》き磨《みが》いて行《ゆ》かれたのです。何もかも、みんな神さまのお仕事なのです。神さまのお仕事には、小さいも卑《いや》しいもない。どれもこれもみんな大きい、輝《かがや》かな、偉いお仕事なのです。さあ、「今」から自分の身《み》の廻《まわ》りの仕事は自分でいたしましょう。家庭で、学校で、工場で、田畑《たはた》で、「今」の仕事、「今」の身の廻《まわ》りのこと、「今」の自分にできる小さな仕事、「今」の最も当り前のことから、これを愛して、一心《いっしん》に努《つと》め励《はげ》んで行《ゆ》きましょうね。これだけで、わずかにそれだけのことで、自分の気持《きもち》がどんなに好《よ》いことでしょう。また皆さんの御両親が、家族が、神様が、どんなにおよろこびになることでしょう。どんなに家庭《おうち》が、田畑が、工場が、この日本の国が、美しく明るくなることでしょう。——いいえ、何よりも「今」皆さん御自身がどんなに明るく強く楽しくおなりになることでしょう。

## 葉が落ちるのは根を養うため

冬になって葉が落ちるのは、根を養うためです。根が養われれば、次の春には、前よりいっそう枝葉《えだは》が栄えます。枝葉ばかり栄えようと思って、根を培《つちか》う心がなくなれば枝葉そのものも枯《か》れてしまいます。根があって枝葉があるのです。親があって、子があるのです。親は根で、子孫は枝葉ですから、栄えようと思うものは親を大切にせねばなりません。親を大切に思う心は根を培い、ひいては自分の生命《いのち》を延《の》ばす本《もと》になるのです。どんな子が親を思うよりも以上に、親は子を愛しているのです。

# 第三章　信念《しんねん》による幸運の生かし方

## 信ずることのみ輝く

私はこの『人生読本《じんせいとくほん》』を読んでも、『生命の實相《せいめいじっそう》』を読むのと同じように病気が治《なお》ったり、成績《せいせき》がよくなったり、皆さんの性質《せいしつ》がよくなり、家庭が明るくなると信じています。もしそうならないのなら、それは疑いという迷《まよ》いに捉《とら》われているからです。こんな人達には疑いの心を捨てて、ただ「なるほどそうだ、そうだ」と、理屈《りくつ》なしに受け入れながらお読みになるようおすすめしたいのです。疑いを捨てて、ひたすら読んでいる内には、御本《ごほん》の中にある貴《とうと》い真理《しんり》が、ひとりでに悟《さと》れるのです。ですから、まず疑いの念《こころ》を捨てなければなりません。いつまでも疑いの迷《まよ》いに引っかかっていては、御自分の生長《せいちょう》ということがありません。

## 「運《うん》」はどこにあるか

皆さん、あの人は「運」が好《よ》いと申《もう》す場合がありますが、その「運」というのは、どこにあるのか御存知《ごぞんじ》ですか。「運」というのは「今」あるのです。時々刻々《いつでもそのとき》、今が運なのです。机の上に本が置いてある。それが見つかったらその本を一所懸命《いっしょけんめい》に読む。するとその人に力がつく。それが「運」なのです。本を読んで、そこを見るといろいろのものが散らかっている。それに気がついたら、その散らかっている物をチャンと整頓《せいとん》する。するとと人から喜ばれる、自分自身は物事《ものごと》をキチンとする善《よ》い習慣《しゅうかん》がつく。それが「運」をよくするのです。あなた自身に力がついて、善い習慣がついて、どんな人からも喜ばれるようだったら、誰《たれ》だって、あなたを良《よ》い役に置いて、良い仕事をして欲《ほ》しいと思うでしょう。そうすると、あなたの「運」はよくなって来るのです。あなたはいやでも出世《しゅっせ》するのです。「運」はどこにあるか、「今」なのですよ。「今」何か善いことをすることはないかと、探《さが》し出して善《よ》い事をする人は必ず出世《しゅっせ》する人であります。

## なぜ樹《き》の枝に着物が生《な》らぬか

「生命《いのち》のある者」は動く、「生きている者」は働く、「働く者」は伸《の》びる、偉《えら》くなる、力がつく、成功すると私は申《もう》しました。皆さんは、長い年月《としつき》のうちには、ときどき懶《なま》け心《ごころ》が起って来て、働かずにじっとしていて、そこに欲《ほ》しい物が出て来《き》、おいしい物が出て来、お金が出て来ればよいのに、とお考えになることがあるかもしれません。神様は、樹《き》の上にあの美しく熟《う》れた林檎《りんご》や蜜柑《みかん》や、色々の果物《くだもの》をお造りになったのでしょう。そしてその林檎や蜜柑のおいしい味は、人間がどんなに工夫《くふう》して真似《まね》てみても、そのとおりの味にはできず、その成分《せいぶん》も、人間がどんなに研究《けんきゅう》して、そのとおりに造ってみようと思っても、そのとおりにはできないほどに、上手《じょうず》にできているのです。人間にはできないそれほど立派《りっぱ》な物をお造りになる神様のことですから、チャンと炊《た》き上《あが》った御飯《ごはん》を林檎《りんご》の樹《き》に生《な》らせたり、チャンと縫《ぬ》い上《あが》った着物を桑《くわ》の枝からぶら下げたりなさるような、人間の誰《たれ》にでもできるようなことは、神様がなさろうと思われれば、なんでもないことなのです。けれども、それをなさらないで、御飯《ごはん》を炊《た》くにも、着物を縫《ぬ》うにも、人間の働きが要《い》るようになさったのは、神様にお考えがあってのことなのです。

## 学校へは何しに行《ゆ》くか

皆さんは、学校へお出《い》でになって、出る算数《さんすう》の問題を皆さんのかわりに、みんな先生がしてくださったら、皆さん自身の力がつくと思いますか。他《ひと》にやってもらっては自分の力はつかないのです。先生にやってもらうくらいなら、学校へ行《ゆ》かないで好《よ》いのです。学校へはお金を払って自分でやらせてもらいに行《ゆ》くのです。自分でやるから力がつくのです。御飯を炊くのも、着物を縫うのも、糸を紡《つむ》ぐのも、お掃除《そうじ》をするのも、会社や工場で働くのも、自分でするから自分の力がつくのです。他《ひと》がしたら他《ひと》の力がつくのです。自分でするから自分が偉《えら》くなるのです。他《ひと》がしたら他《ひと》が偉くなるのです。神さま御自身は自分でどんな事でもできるお力をおもちなのですから、もう御自分はそれ以上偉くなる必要がないのですから、神様は私達ができる限り自分でやって自分の力がつくように、林檎《りんご》を樹《き》の枝に生《な》らせても皮は剥《む》いてくださらず、棉《わた》は作っても着物は縫《ぬ》ってくださらず、木を作っても家は建《た》ててくださらないで、人間が、自分で働いて造らねばならぬ部分を残しておいてくださったのです。生物は、働いたところばかりが強く立派《りっぱ》になるのです。人間は、頭を働かせますから動物よりも額《ひたい》が広く、脳味噌《のうみそ》が大きいのです。力士《すもうとり》は筋肉《きんにく》を働かせますから、筋肉が隆々《りゅうりゅう》と盛《も》り上《あが》るほど立派になっているのです。他《ほか》の人に角力《すもう》を取らせて、自分は楽をしているのでは、自分の筋肉は大きく発達《はったつ》しますまい。人間の値打《ねうち》が大きく生長《せいちょう》するのも、自分でいろいろ工夫《くふう》して働いてこそです。働く者は自分の値打を増すのです。働かない者は自分の値打を損《そん》しているのです。学校の先生は問題を生徒にさせます。私達は自分の値打を伸《の》ばすために、学校へお金を払って先生のさせる仕事を働きに行《ゆ》くのです。そう思うと、会社や工場でお金を貰《もら》いながら働いている人は、なんて幸福な人でしょう。お金をもらいながら、自分の値打《ねうち》を伸《の》ばすのですもの。

## 重い仕事をするほど力がつく

力の要《い》らない軽い物を持ち扱《あつか》っても、それほど自分の力はつきません。世界第一の立《りっ》派《ぱ》な筋肉《きんにく》を持っていたというアメリカのサンドウという人は、四、五十キログラムという鉄亜鈴《てつあれい》を毎日振り廻《まわ》す体操《たいそう》をしたから、そんなに世界一に筋肉が立派になったのだといいます。私達の心の働きも、力の要《い》らない、苦しくない境遇《きょうぐう》におかれたり、難《むつ》かしくない仕事をしたのでは、それほど立派に偉《えら》くなりません。鉄は火の中でいじめられ、鉄の槌《つち》で打たれたものだけが、正宗《まさむね》(編註・日本の刀剣史上最高の刀工。鎌倉時代末期に活躍した)のような良《よ》い刀になるのです。ですから皆さん、もし人から苦しい立場におかれたり、難《むつ》かしい仕事をさせられたり、いじめられたりしたときには、「月謝《げっしゃ》も払わないのに、いろいろと問題を出していただいて、こんなありがたいことはない。これで私の力がつくのだ、これで人間の値打《ねうち》が出るのだ、こんなけっこうなことはない」と思うことにしましょうね。そうしますと、辛《つら》いと思っていたことが楽になり、苦しいと思っていた仕事が喜びになってきます。

## 重いと軽いは物の目方《めかた》ではない

幼い子供には十キログラムの物では重くて持てませんが、力士《すもうとり》には十キログラムの物では軽すぎます。これでも分《わか》りますとおり、重いと軽いとは物の目方ではないのです。力の強い人には軽いし、力の弱い人には重いのです。苦しいというのでも同じことです。力の弱い人には苦しくても、力の強い人には楽しいのです。「こんな苦しい目に自分をあわせて」と他《ひと》を恨《うら》む前に、まず自分の弱いことを恥《は》じねばなりません。「こんな苦しい仕事をさせて」と他《ひと》に腹を立てる前に、まず自分の力の足りないことを残念に思わねばなりません。そして苦しくても、難《むつ》かしくても、自分は「神の子」だからできないはずはないと、「神の子の値打《ねうち》」を出すつもりで、その苦しい中を通り抜けて行《ゆ》くのは楽しいことです。将棋《しょうぎ》を差しても、碁《ご》を打っても、あまり弱い相手では面白《おもしろ》くありません。強い相手に負けないようにすることが楽しみなのです。そして自分の力がつくのです。

## できることなら馬鹿《ばか》でもする

或《あ》る人が、仕事をやり損《そこ》ねたときに弁解《べんかい》して、「私はできるだけのことをやったのです。もうこれ以上はしかたがありません」と申《もう》しました。するとその主人が叱《しか》りつけて「できるだけのことなら、馬鹿でもする。できるだけ以上のことをする者だけが偉《えら》くなるのだ」と申しました。

元帝展彫刻部《もとていてんちょうこくぶ》（編註・戦前に行なわれていた帝国美術院展覧会の彫刻部門のこと。現在の日本美術展覧会）の審査員《しんさいん》の山根《やまね》八春《やつはる》先生は、ずいぶんすばらしい彫刻《ちょうこく》がおできになるのに、「その作品を見せてください」とお願いすれば、「今までのものは皆つまらないものです。私の勉強はこれからです」とお答えになるのが常《つね》です。私はそれには感心しました。「もう私はできるだけした」と言って、自分の責任《せきにん》をのがれてしまったようにすませているものは、その時よりは偉《えら》くなれないのです。常に「できるだけ以上」をしようと志《こころざ》し、常に「これからだ」と、自分のうちにどれだけでも「出せば出る力」があると知って、なおいっそう、その「自分の内の力」を出すようにする人が偉くなって出世《しゅっせ》するのです。

## 「出せば出る力」とは何

この自分の内に在《あ》るところの「出せば出る力」を「神性《かみさま》」と言い、「仏性《ほとけさま》」と言うのです。あなたの中に神様の力が入っていて、自分で呼吸《いき》をしようと思わないでも、寝ている間にでも、ちゃんと呼吸《いき》させていてくださるのは、この神様の力が皆さんの中にいて、呼吸《いき》をさせていてくださっているのです。自分で生れようと思わないでも生れて来《き》、お母様のお腹《なか》に入ろうと思わないでも、いつの間にかお母様のお腹《なか》にいて、何も自分で大きくなろうと考えないでも大きくなって、この世にオギャアと生れて来たのも、目に見えない神様の力なのです。まったく吾々《われわれ》はこの神様の力で生れて来《き》、この神様の力で育てられて来《き》、この神様の力で養われて来たのです。

## 人間はみな神様の子

だから、あなたは今まで父さま母さまだけの子だと思っていたでしょうが、その元《もと》は神様の子だったのです。あなたが神様の子ならば、お隣《とな》りの次郎さんも、そのまたお隣りの花子さんもみな神様の子なのです。だから本当はみんなとても偉《えら》いのです。神様の子である皆さんも偉ければ、神様の子を生んだお父さまやお母さまも偉いのです。皆さんは今まで、自分をそんなに偉《えら》いとは思っていなかったでしょう。自分が神様の子だなんて、こんなうれしいことはないではありませんか。そうすると、その神様の子であるあなたを生んだお父さまやお母さまは素晴《すば》しい偉い方《かた》じゃありませんか。皆さん、お父さまやお母さまに感謝《かんしゃ》しましょうね。

蟇口《がまぐち》の中にお金がたくさん入っていても、蟇口《がまぐち》がカラッポだと思っている間は、おもちゃ屋の前を通っても、お菓子屋《かしや》に大好きなお菓子がならんでいても買うことができないで、お金があればあのお菓子が買えるのになあ、と考えながら通り過《す》ぎてしまうよりしかたがありますまい。それと同じように、人間はみんな神様の子だから、神様のように何でもどんどんできるはずだのに、あなたが、「自分は学問《がくもん》のできない子なのだ、算《さん》数《すう》は七、八十点よりとれないのだ」などと考えているのは、おかしな話なのです。神様の子供が、国語や算数に七、八十点をとったり五、六十点をつけられたりするなんて、考えてもおかしい話じゃありませんか。皆《みん》なそれは自分の中にある「神の子の値打《ねうち》」を、あるのに「無《な》い」と思っているから出ないのですよ。自分の中に「神の子の値打」があるのだ、いつでもこの本当の事を思い出してください。毎日毎日この本当のことを思い出すようにしていたら、「神の子の値打」が出、「神の子の力」が出て来るのです。力が出ないのは力が無《な》いからではなく、力があることを忘れているからなのです。

蟇口《がまぐち》にお金がたくさん入っていても、それを知らなかったら何も買えないと同じように、自分は神様の子だから神様と同じ力があるのだ、また、いつでも神様がついていてくれて、入用《にゅうよう》な時はどんどん力を出してくださるのだということを知らなかったら、算数《さんすう》で七、八十点をとったり国語ができなくて困ったりお仕事を仕損《しそん》じたりするのです。ですから、勉強している時でも、遊んでいる時でも、お仕事をしている時でも、自分は神様の子だから神様がついていて下さるから、なんでもできるのだということを忘れてはなりません。

## 人間にも品物《しなもの》にも挨拶《あいさつ》せよ

道でお友だちにあって、「今日《こんにち》は……」と挨拶《あいさつ》するのも、今まではなんの気なしにしていましたが、本当は神様の子が神様の子に挨拶していたのです。人間は、大人《おとな》でも児童《じどう》でもみんな神様の子だったのです。今までは、鉛筆《えんぴつ》でも紙でも雑記帳《ざっきちょう》でも気にもとめずに使っていましたが、本当は「人間」という神様の子が、神様の子の為《ため》につくってくださったのです。ありがとうございます、と挨拶《あいさつ》しなければ使えないような気がいたしましょう。

私達はお食事をいただくことを忘れても、自分が神様の子であるということを忘れてはなりません。このことを忘れてくると、いろいろな嫌《いや》なことがでてくるのです。病気になったり、学問《がくもん》ができなくなったりするのです。また神の子が豚《ぶた》の子の行《おこな》いをしないように気をつけることです。いくら自分が神様の子供だと解《わか》っても、豚《ぶた》の子のような行《おこな》いをしていてはなんにもなりません。神様の子が人の悪口《わるくち》を言ったり、弱い者をいじめたり、人を陥《おと》しいれて自分ばかりよい子になろうとするのもとても変ではありませんか。だいいち、自分が神様の子だということが解《わか》ったなら、そんなことはできません。

では皆さん、今日《きょう》から自分が神様の子であるということを忘れずに、神様の子らしい行《おこな》いをすることにいたしましょう。そうすれば、だいいち心がうれしくなって顔がにこにこしてきます。毎日にこにこ笑って暮すのが神様の子の本当の姿なのです。あなた達でも、にこにこしている人の側《そば》へゆくと、心がのびのびしてきて言葉ひとつもかけてみたくなるでしょう。いつもにこにこ、人に深切《しんせつ》にしている人は多くの人達に可愛《かわい》がられ、思いもかけないところからお褒《ほ》めの言葉をいただいたり、成績《せいせき》がよくなったり、あてにもしないところから御褒美《ごほうび》を送られたりして、善《よ》いことばかりがやってくるようになるのです。世の中は、みんな自分の心の影《かげ》なのです。成績がよくなるのも悪くなるのも、みんな自分の心しだいなのです。毎日この本を読んで、人間は神の子、無限に立派《りっぱ》な者だということを思い出し、心の中から、人間の中味《なかみ》から、偉《えら》い人になりましょう。

## 神様と仏様とは御一体《ごいったい》

私は「神」といっても「仏《ほとけ》」といっても同じですと前々章《ぜんぜんしょう》で申《もう》しました。けれども、今まではそれがほんとうに解《わか》っている人は少なかったのです。そして神様とは神棚《かみだな》にのみおられるもの、仏様とは仏壇《ぶつだん》にのみおられるもので、別々のものだと思っていた方《かた》が多かったのですから、あなたもきっと神も仏も同じだときいて「変だなあ」とお思いになったかもしれません。

ではこんどは、「神様」と「仏様」は同じだということを説明しましょう。

日本には「仏教《ぶっきょう》」だの「キリスト教」だの「天理教《てんりきょう》」(編註・江戸末期に中山みきによって始められた宗教)だの、そのほかいろいろにわかれた「宗教《しゅうきょう》」というものがあります。

こうして、その「神様」や「仏様」を拝《おが》んでいる人々の中には、自分の拝んでいる「神様」

「仏様」の教《おしえ》をひろめたい心から、互いにほかの教《おしえ》を悪く言う人があったのでした。けれども、それは神様にとっても仏様にとってもほんとうに悲しいことだったのです。なぜなら、それはちょうど、一つお家《うち》の中にいる兄弟が喧嘩《けんか》をしているようなものです。喩《たと》えてみれば、ここに三人の兄弟があります。一番上の子は外国人の校長さんのいる学校へ行っているものですから、お母さんのことを「ママ」と言います。次の子は校長さんは日本人ですけれども、少しお上品《じょうひん》なお家《うち》の子供ばかり集っている学校へ行っていますので、この子はお母さんのことを「お母様」と呼びます。三番目の子はまだ学校へ行《ゆ》きませんので、むかしからみんなで呼びなれた「お母さん」という呼び方をします。この子達のお母さんは「ママ」と呼んでも、「お母様」と呼んでも、「お母さん」と呼んでも、いつも優《やさ》しく「はい」とお返事をなさいます。どんな呼び方をしたって、「お母さま」に違いはないでしょう。それだのにこの三人の子供達が、「私達を生んでくださったのはママよ」「いや、そうじゃない、私達を生んでくださったのはお母様だわ」「違うよ。僕達を生んでくださったのはお母さんだ」なんて、いつも喧嘩《けんか》をしているとしたら、いったいこの子達は何を言い争っているのでしょう。そんなばからしい喧嘩《けんか》をしている人なんてありはしない、と誰《たれ》でもそう思うでしょう。

ところが、「世の中は神様がおつくりになったのだ。だから神様でなければ頼りにならぬ」「いや世の中には神様なんてないのだ。頼りになるのは仏様だ。仏様だけが救ってくださるお力をもっていらっしゃるのだ」とお互いに、人の拝《おが》んでいる「神様」や「仏様」の悪口《わるくち》を言い合っているのは、前の三人の子供達が喧嘩をしているのと同じことなのです。世の中には、同じ家にいてさえそんな人があります。

お祖母様《ばあさま》が「仏様」へお花やお線香《せんこう》を上《あ》げて一所懸命《いっしょけんめい》拝《おが》んでいらっしゃいますと、お嫁《よめ》さんは心の中で「世の中をおつくりになった神様は、人のこしらえたお仏壇《ぶつだん》の中になどいらっしゃりはしないのに、お母さんにはそれがおわかりにならないのだ。私はどんなことがあったって、『仏様』なんておかしくって拝む気にはなれない」なんて思っています。そうして、そんなふうにお嫁《よめ》さんの思っていることは、言葉に出して言わなくとも、すぐお母さんの心に感ずるのです。それは世の中のすべてのものが、「神様」の御心《みこころ》でできているので、「神様」の御心《みこころ》の中では、お嫁《よめ》さんもお母さんも一緒《いっしょ》だからなのです。ですからお母さんはお母さんで、「家《うち》の嫁はキリスト教でしてね。お先祖様へ掌《て》も合せないんですよ。私達はお先祖様のおかげでこうしていられるじゃありませんか。ほんとうに今時《いまどき》の若い人は年寄《としよ》りの言うことなんて、てんで耳にも入《い》れないんですからね」なんて、親しい方《かた》がいらっしゃると、つい愚痴小言《ぐちこごと》が出るのです。こうして一年中お互いに面白《おもしろ》くなく暮していきます。そんなお家《うち》で育つ子供は可哀《かわい》そうです。「神様」と言っても、「仏様」と言っても同じ方《かた》ですのに、そんなお家《うち》の子供は、「どっちがほんとうなのか知ら」などと迷《まよ》わねばならなくなります。そうしてこんな「にらみ合い」ばかりしているお家《うち》にいては、どんなに考えても「神様」も「仏様」もわかりっこはないのです。

## 憎《にく》み合う心の中には神様は無《な》い

なぜならば、「神様」も「仏様」も憎み合う心や、争う心の中では、そのほんとうの善《よ》いお姿をお現《あらわ》しにならないのですから。

「神様」のお姿はみな美しいものばかり、善《よ》いものばかりになって、この世に現れておいでになるのです。すべてこの世の善いものは、「神様」のお光なのです。ですから、「争う心」「憎《にく》む心」というような、「よくないもの」が現れているということは、「神様のお光」の見えない真暗闇《まっくらやみ》ということなのです。

あなたは、真暗闇《まっくらやみ》の中で美しいものや善《よ》いものを見たことはないでしょう。憎み合いの世界は地獄で、そこには人間の顔をした鬼《おに》がいるばかりです。心の中で憎み合い争い合いをしながら、「神様」や「仏様」を知ろうと思うのは、ちょうど、この真暗闇《まっくらやみ》の中で美しいものを見ようと思うのと同じことなのです。

ですから、皆さんがほんとうに神様のおつくりになった、しあわせな世の中を知りたいとお思いになったら、まず「自分は神の子、仏《ほとけ》の子である。神の子、仏の子は、このままで誰《たれ》とも仲《なか》よしになれる素直《すなお》なよい心をもっているのだ」ということを考えなければならないのです。自分は「神の子」である、「仏の子」である、この事がよくわかると、人間はちっとも無理《むり》をしないで、「神の子」「仏の子」らしくなって、運《うん》がよくなって来るのです。みんなひとつの神様仏様から生れた子供達ですから、その本当のことを知ったら、みんな神の子、仏の子らしくなって、仲よく運がよくなるのは、なんの不《ふ》思議《しぎ》もないわけです。

# 第四章　智慧《ちえ》の生かし方

# 智慧《ちえ》なき味方

或《あ》る時、カーシー国《こく》の片田舎《かたいなか》に親子の大工《だいく》が住んでいました。親の大工は頭のてっぺんが禿《は》げて、その周囲にだけ白髪《しらが》が残っているのでした。親の大工が木を切っておりますと、一匹の藪蚊《やぶか》が来て、その鋭い嘴《くちばし》で、禿げている頭の真中《まんなか》を針で刺すように螫《さ》しました。大工の禿げた頭には、それがまるでナイフで刺されたかのようにハッキリわかりました。ズンズン蚊《か》の嘴《くちばし》から頭の血が吸い上げられて、自分の血が減ってゆくように感じて、親の大工は気が気でありません。そこで側《そば》で仕事をしている自分の息子に、「この蚊の野郎《やろう》、俺《おれ》の頭に止まって、まるでスポイトのように血を吸いやがるから、早く敵《かたき》をとってくれ」と言いました。

息子は父の頭を見ますと、大きな藪蚊《やぶか》が見る見るうちに血でふくれ上《あが》り、ホオズキのように真赤《まっか》になってきています。それを見ると、息子はその蚊《か》をただ逃《に》がすのはおしいような気がしました。

「この野郎《やろう》！　そこ動くな。今に敵《かたき》をとってやるから。」

息子はこういうと、たちまちソッと起《た》ち上《あが》って、道具箱の上にあった大きな手斧《ておの》をとり出して、一撃のもとに斃《くたば》れ！　と、その蚊《か》を目がけて打ちおろしました。蚊はその瞬間逃げてしまいましたが、大工《だいく》の親の頭は、二つに割った西瓜《すいか》のように割れていました。そしてとうとう、その息子は親殺しで重い重い刑罰《けいばつ》に処《しょ》せられました。

……智慧《ちえ》のない味方は、智慧のある敵《てき》よりもかえって味方に仇《あだ》をする。智慧のある敵は、相手に刃向《はむか》うことが損《そん》だとわかるので、かえって害をしないものである。

## 平等《びょうどう》にして差別《さべつ》があるのが大調和《だいちょうわ》

或《あ》る時、一人の行者《ぎょうじゃ》が仏様の教《おしえ》をきいて悟《さと》りました。本当は悟ったと思ったのです。どう悟ったかといいますと、生きとし生けるものは、ことごとく仏《ほとけ》の子であるから、どんなものでも兄弟だと思い、深切《しんせつ》にしなければならぬと思ったのでした。そう思って、或《あ》る朝庭に立って見ておりますと、一匹の毒蛇《どくじゃ》がにょろにょろとその行者《ぎょうじゃ》のところへやって来ました。行者は、生きとし生けるものはみんな兄弟であるから、深切にしてやらねばならぬと思って、座敷《ざしき》の上へ上《あ》げてやり、食物《しょくもつ》を与えて大切に飼《か》っておきました。

すると一人の友人が来て、「君は毒蛇を飼っているそうだが、人間は人間、畜生《ちくしょう》は畜生であるから一緒《いっしょ》の待遇《たいぐう》をしてはならぬ。ことに毒蛇などと一緒に生活したら、しまいには噛《か》み殺されてしまう」と、深切に忠告《ちゅうこく》してくれました。

しかし行者は答えました。「生きとし生けるものは、みんな兄弟であるから、深切に平等《びょうどう》の扱いをしなければならない。君のように差別的《さべってき》なことを言うものは迷《まよ》っているのだ。」

友人は自分の忠告がきかれないのを、悲しく思いながら帰って行《ゆ》きました。

その後しばらく、行者は毒蛇と仲《なか》よく暮しておりましたが、或《あ》る日食物を集めるために、やや遠いところへ旅をしました。一週間も家《うち》を明《あ》けて帰って来ますと、毒蛇《どくじゃ》は餌《え》を与える人がないので、行者《ぎょうじゃ》を待ちかねていましたので、行者が「そら蝮《まむし》さん、さぞひもじかっただろうね」と言って、餌《え》を口のところへ持って行ってやりますと、毒蛇はあまりお腹《なか》が空《す》いていましたので、あわてて餌《え》と間違《まちが》えて行者《ぎょうじゃ》の指先に咬《か》みつきました。見る見る行者の指先から毒が廻《まわ》り、腕が脹《は》れ、身体《からだ》ぜんたいが赤紫《あかむらさき》に脹れてしまって死んでしまいました。

……生きとし生けるものが平等《びょうどう》だということは、生きる命はみんな神様の力がやどっているのであるから、どれも皆《みな》同じように尊《とうと》いということである。しかし形の世界では、その神様の力のあらわれ方がみんな異《ちが》う。平等にして差別ありの真理《しんり》を知らねばならぬ。人間はみんな尊いが、人と時と処《ところ》との三つの相応《ちょうどよい》ということを知らねばならぬ。この相応《そうおう》を得たときにすべてのものが大調和《だいちょうわ》するのである。

蛇《へび》を座敷《ざしき》へあげるというようなやり方では、この行者のように、遂に毒蛇に咬《か》み滅《ほろ》ぼされてしまうものです。

# 白鳩《しろはと》と烏《からす》と料理人

或《あ》る所に、長者《ちょうじゃ》があって白鳩を一羽飼《か》っておりました。白鳩を入れてある鳥籠《とりかご》は、長者の家《うち》の料理場《りょうりば》の出口のところにかけてありましたが、料理場にはおいしそうな魚や羊の肉がならべてありましても、白鳩は欲深《よくふか》でありませんでしたから、自分のために与えられてある豆、粟《あわ》、玉蜀黍《とうもろこし》などのほかは、けっして手をつけませんでした。すると或る日、一羽の烏《からす》がやって来て、料理場をのぞいてみると驚きました。魚のフライや、羊の挽肉《ひきにく》がおいしそうにならんでいるではありませんか。烏《からす》は、「白鳩というものはなんてぜいたくな御馳走《ごちそう》を食べているものだろう」と羨《うらや》ましくなりました。そして、「ひとつあの白鳩の友達になって、その魚や羊の肉を食べたいものだ」と思いまして、計略《けいりゃく》を考えつきました。

白鳩の鳥籠の入口は自由に空《あ》いていまして、いつでも出入《ではい》りができるようになっていました。毎朝、夜《よ》があけると、料理人が料理場《りょうりば》の出入口の扉を開きますので、そこから白鳩《しろはと》は遊びに行ったり、間食《おやつ》を探《さが》しに行ったりするのでした。烏《からす》はそれを待っていて、白鳩と友達になろうと、しきりに白鳩を追いかけて飛んで行《ゆ》くのでした。

「なぜあなたは、私のあとばかりねらって飛んで来るのですか。私は白鳩ですし、あなたは黒い烏《からす》ですから、夫婦になるわけにはゆきません」と白鳩は申《もう》しました。

烏は猫撫《ねこな》で声《ごえ》をして申しました。「私はごらんのとおり黒い醜《みにく》い烏ですから、あなたのように、その白い清浄《せいじょう》な美しい方《かた》と夫婦になろうなどとは思ってはいません。あなたの飛んでいられる上品《じょうひん》な羽の姿を見せていただいていますと、私もこの黒い羽が白くならなくとも、せめてあなたのような立派《りっぱ》な美しい飛び方が、見よう見まねでできるだろうと思うのでお近づきになりたいと思うのです、どうぞ私をあなたのお友達にならせてください。」

白鳩は烏に賞《ほ》められたので、得意《とくい》になってしまいました。そして烏に友達となることを許して夕方、白鳩は自分の籠《かご》へ烏を連れて帰ってまいりました。

料理人はそれを見つけて、「白鳩《しろはと》が黒鳩《くろはと》を連れて帰って来た」と申《もう》しまして、二羽分の豆や粟《あわ》や玉蜀黍《とうもろこし》を入れてくれました。

或《あ》る日、長者《ちょうじゃ》は親類の人々をお招《まね》きするのだと言いまして、たくさんの魚と羊の肉とを料理人に買わせました。夜《よ》があけて料理場《りょうりば》を見ると、それらの肉がおいしそうにズラリと俎《まないた》の上や料理台の上にのっております。

白鳩は「烏《からす》さん、一緒《いっしょ》に外へ遊びに行《ゆ》きましょう」と申しました。

烏は「いいえ、今日《きょう》はお腹《なか》が痛くて飛べませんから、あなたひとりで遊んできてください」といって、ただひとり籠《かご》の中に残っているように頑張《がんば》りました。

「烏は腹痛《はらいた》などになるものではない、お前は貪欲《よくばり》のことを考えているね。欲深《よくふか》いことをすると、必ず自分を害することがあるから気をつけなさい。」こう言って白鳩は飛んで行ってしまいました。

料理人たちは魚を料理し、羊を挽肉《ひきにく》にして、一方で煮立《にた》てながら、それらの料理を盛《も》るべきお膳《ぜん》を取りに行《ゆ》こうと、みんな一度に出て行《ゆ》きました。

烏《からす》は、ちょうど好《よ》いおりだと思いまして籠《かご》から飛び下《お》り、回転式になっているスープ濾器《こしき》の上にとまって、一つの大きな羊の肉片《にくきれ》をとらえました。スープ濾器《こしき》は、烏の重さと肉片《にくきれ》の重さで、それを啄《ついば》むたびごとにコトコトと音を立てました。

料理人は、猫でも来たのであろうと思って急いでやって来てみますと、猫ではなくて烏なのです。

「鳩が羊の肉をたべる奴《やつ》があるか。妙《みょう》に黒い鳩だと思ったら、お前は烏だったんだな。よく人間様を瞞《だま》しやがった。」こう言って料理人は烏の羽をことごとく引きむしって、その爛《ただ》れた傷あとへ、印度辛子《いんどからし》のピリピリしみる奴《やつ》をつけて、籠《かご》の中へほうりこみました。

白鳩《しろはと》はそこへ帰って来て烏に申しました。

「……だから私はお前に言ったのだ。何事も分《ぶん》を守らねばならぬ。欲張《よくば》ったら自分を滅《ほろ》ぼすことになると。誰《たれ》でも、与えられているものが、一番その時の自分にとって好《よ》いものである。今あるものを感謝《かんしゃ》して受け、今あるもののありがたさを、しみじみ受け味わって行《ゆ》くようにすれば、他《ひと》のものを欲張《よくば》ることはいらぬ。日光の中で羽を伸《の》ばす喜び、空気の中を思うさま翔《か》けまわる喜び、空から下界《げかい》を見下《みおろ》す喜び、心の目を開いてみれば、誰《たれ》にでも感謝《かんしゃ》し切れない喜びがこの世界に満ちているのだ。」

烏《からす》は白鳩《しろはと》の教《おしえ》を聴《き》きながら死んで行《ゆ》きました。彼は白鳩の教《おしえ》をきいたので、その次に生れかわって出る時には、釈迦《しゃか》（編註・紀元前五世紀頃、北インドに生まれた。仏教の開祖）の弟子《でし》として生れたと『本生経《ほんじょうきょう》』（編註・お釈迦様が前世で教え導いた説話集）に書いてあります。世の中に不平《ふへい》を持っている人は、この愚《おろ》かな烏と同じことです。実際心の眼《め》をひらけば、喜べる恩恵《おんけい》が、自分にいっぱいに与えられていながら、それに気づかず人のものを欲《ほ》しいと思うのです。仕事でも忙しいといって不平に思う人がありますが、はじめて就職《しゅうしょく》して仕事を得《え》た時に「仕事があることがどんなに嬉《うれ》しかったか」を考えてごらんなさい。今、勉強がうるさいとか面倒《めんどう》くさいとか考える学生さんは、入学できて勉強できる資格《しかく》ができた時の嬉《うれ》しさを、もういちど想《おも》い起《おこ》してごらんなさい。

## 猿《さる》と園丁《えんてい》

或《あ》る王様の国の御料林《ごりょうりん》（編註・王室専用の山林）に、猿がたくさん棲《す》んでいました。園丁（編註・庭師のこと）は猿と仲好《なかよ》しになっていまして、猿の中に、猿の王様ともいうべき頭《かしら》があって、園丁の言うことはなんでもわかり、園丁の言うことには、なんでも猿は素直《すなお》にそのとおりしてくれるのでした。その頃、王様の即位《そくい》三十周年記念祭《きねんさい》がありまして、国の都《みやこ》で大仕掛《おおじかけ》な花火や花車《だし》や、御輿《みこし》などの催《もよお》しがあり、国を挙《あ》げての大騒ぎが始まりました。園丁は、御料林《ごりょうりん》の樹《き》を枯らしてはならないと思いまして、猿の王様を招《よ》んで、

「私はお祭《まつり》見物に王様の都へ行って来るから、この林の中の、旱《ひでり》に弱い灌木《かんぼく》には水を毎日掛けておいてください」と言って頼みました。

「よろしゅうございます。私が猿の家来《けらい》どもに申《もう》しつけて、必ず有効《ゆうこう》に水を全部の灌木

にかけておきます。」こう言って猿の王様は引受《ひきう》けました。山の灌木《かんぼく》に水を皆《みな》そそぐことは、なかなか大変な仕事であり、谷川《たにがわ》の流れまで水を汲《く》みに往《い》っても、それを山の上まで持ち上げるのは、猿にとって大変でした。そこで猿の王様は、好《よ》いことを考えついたと思って家来《けらい》どもを集めてこう言いました。……

「おい皆《みな》のものよ、水を谷から上げるのは、人間のように真直《まっすぐ》に立ってあるけない吾々《われわれ》猿にとっては、なかなか大変なことであるから、水を有効《ゆうこう》に使わなければならない。だから灌木《かんぼく》に水をかけたときには、どのくらいまで実際水が根に沁《し》みているのか、灌木の根をいちいち引き抜いてみて検《しら》べた上で、あまり水の多いのは、こんど水をかけるのを節約《せつやく》をしなければならぬ」

と言いきかせました。猿達《さつたち》は御料林《ごりょうりん》にある灌木に水をかけて、いちいち引抜《ひきぬ》いては挿《さ》し、引抜いては挿してゆきました。

園丁《えんてい》が、国の都《みやこ》の祭《まつり》が終って帰って来たときには、山中《やまじゅう》の灌木という灌木は、猿達がいちど引抜いてまた挿したためにことごとく枯れていました。園丁は自分の仕事をおろそかにしたというので、きびしく罰《ばっ》せられました。

……智慧《ちえ》のない深切《しんせつ》は、かえって殺すことになるというのが、生長《せいちょう》の家《いえ》の教《おしえ》である。人は自分に委《まか》された仕事を、自分が遊ぶために他《ひと》に委《まか》せては、こんな失敗が起《おこ》る。自分に委《まか》された仕事は、自分に一番適《てき》するから委《まか》されているのである。

# 第五章　能力の生かし方

## なんでも上手《じょうず》になるには

「あなたは近頃、絵が下手《へた》になりましたね。絵が死んでしまっている、生《い》き生《い》きしたところがない。幼稚園《ようちえん》の時の絵は実に伸《の》び伸びした絵を描《か》いていたのに、それから五年間も学校へいって、その頃の絵におとるとはどうしたのでしょうね。」

これは或《あ》る日お父さんが、その子供の絵を見て言われた言葉でした。

私はなぜ、この子供の絵が、五ヵ年間も学校で勉強しながら下手《へた》になったかを本《もと》にして、人間の生き方をいろいろに考えてみたいのです。

この子供の描《か》いた絵が生き生きとしなくなったのは、上手《じょうず》に描《か》こうと思って、お友だちの描《か》いたものを真似《まね》はじめたからなのです。自分自身が、既《すで》に上手《じょうず》であることを忘れてしまったからなのです。そして他《ほか》の人は自分よりも上手《じょうず》であると思って、自分の生命《せいめい》をば出そうとしないで、負けてはならない、負けてはならないと心が固く凝《こ》りはじめたからです。心が固くなってしまっては、一本の線を引いても、伸《の》び伸びしたところが出ません。生《い》き生《い》きしたところができません。自分自身の中に持っている佳《よろ》しさが出ないで、他《ほか》の人の上手《じょうず》を真似《まね》たのですから、真似たものは、真似された本人のものよりも下《へ》手《た》になるのはきまっているのです。

人真似《ひとまね》ばかりするものは、決して人より上手《じょうず》になりません。自分は「神の子」だと信じて、自分の中に必ず善《よ》いものがあるのですから、それを幼稚園《ようちえん》の子供のように、無邪《むじゃ》気《き》に素直《すなお》に出すようにすれば、絵は必ず佳《よ》いものとなるのです。

## 素直に無邪気に

同じことをお父さんに言っても、叱《しか》られる場合と、叱られぬ場合とがあります。なぜそうなるかを考えてみたことがありますか。

それはお父さんの御機嫌《ごきげん》の好《よ》い時は叱られないで、お父さんの御機嫌の悪い時は叱られるのだとお考えになりますか。必ずしもそうばかりではありませんよ。素直《すなお》に無邪気《むじゃき》に物が言えたときには、その人の眼《め》の色にも、顔つきにも、言葉つきにも、明るい、生き生きした、伸《の》び伸びしたところが出ているから、その眼の色を見、顔を見、言葉を聞くと快《よ》い気持《きもち》になって叱《しか》れなくなるのです。

同じ人でも、無邪気で素直であるときと、無邪気で素直でない時とは、こうも形にあらわれ方《かた》が異《ちが》うのですよ。言葉、形、さては一本の線を引くのだって、無邪気に素直に自分の本物を出すようにすれば、皆《みな》から喜ばれるのです。入学試験《にゅうがくしけん》を受けるコツもこれですよ。無邪気にやれば覚えただけは皆《みな》出てくるが、無邪気な素直な心を出せないで、恐れていると、憶《おぼ》えているものまで忘れてしまって、出て来ないことがあります。

## 気取《きど》るな、そのままが一等よい

無邪気といったら、どんなことだといいますと、気《き》どらぬことです。自分のそのままを出すことです。写真によく映《うつ》りたいと思って固くなると変な顔に映《うつ》るでしょう。知らぬ間《ま》にパッと写《うつ》されると、かえって柔《やわら》かい優《やさ》しい顔に映《うつ》っているでしょう。あの固くなるのが無邪気《むじゃき》でないのです。あの固くなるのが素直《すなお》でないのです。固くならないそのままが、無邪気で素直なのです。人間は「神の子」ですから、そのままが一等好《よ》いのです。無邪気で素直であれば、目の色から顔貌《かおかたち》、動作、技芸《ぎげい》、もの憶《おぼ》えまでよくなるのです。

そのままをなんのこだわりもなく出すとき、吾々《われわれ》の「内にある最も佳《よ》いもの」がスラスラ出るのです。皆さん、そのままになりましょうね、素直になりましょうね、こだわりの無《な》い心になりましょうね。

## 白百合《しらゆり》と牡丹《ぼたん》の花

或《あ》る時、白百合の花が、牡丹の花に、「あなたは美しい花をつけていますねえ。私もあなたのように色のついた花になりたい」と申《もう》しました。

白百合《しらゆり》の花はだんだん赤くなって、ちょっと見ると美しい鬼百合《おにゆり》のような色にかわって来ましたが、それは前のような尚《けだか》さを失ってしまいました。そして前よりも人に可愛《かわい》がられなくなりました。

白百合は白百合で好《よ》い所があるのです。自分自身が持っている「そのまま」を素直《すなお》に出すのが一等好《よ》いのです。そのまま、吾々《われわれ》は「神の子」だからです。

## 「生《い》き生《い》きしさ」を出せ

大発明家《だいはつめいか》で、人の真似《まね》をした人はありません。真似をしたものはもう発明ということはできません。大芸術家《だいげいじゅつか》で人真似《ひとまね》をした者はありません。人真似はもう芸術ではありません。お手本や先生の絵を見ても、その形ばかりを真似してはなりません。どんなに伸《の》び伸びと思うままに、あるがままに、そのままに、自分のうちにある「生き生きしさ」をその手本は出しているか、その先生の絵が出しているか、その「生き生きしさ」を出すのには、どんな心になるか、その手本を書いた人の、先生の、心になって、自分自身の「生《い》き生《い》きしさ」をそのまま出すようにしなければなりません。

## 生命《せいめい》とは「生き生きしさ」

「自分自身の生き生きしさ」――これを自分の「生命《せいめい》」というのです。「生き生きしさ」が無《な》いものは、どんな好《よ》い恰好《かっこう》をしていても生命はないのです。人間の死ぬ前と、死んでからと、一分間の違いでどんなに異《ちが》いますか。生きている時には「生き生きしさ」があったのです。だから「生命がある」というのです。それが一分間後には「生き生きしさ」が無《な》くなった――それで、生命が無い――死んでいるというのです。絵でも字でも、仕事でも、「生き生きしさ」がなくなっては死んでいるのです。人間も生きていても、「生き生きしさ」がなくなったら死んだも同然《どうぜん》です。

## 生《い》き生《い》きした仕事

皆《みな》さん、生き生きした心持《こころもち》で、生き生きした動作《どうさ》で、生き生きした瞳《ひとみ》を輝かせて、生き生きした顔の表情《ひょうじょう》で、生き生きした勉強をしましょう。生き生きした仕事をしましょう。生き生きした心でした勉強はよく覚えられ、生き生きした仕事はすべて立派《りっぱ》にできるのです。心が生き生きしていれば万事《ばんじ》が生きてくるのです。

世の中は日々に新しいのです。今朝《けさ》起きれば昨夜《ゆうべ》とはすっかり変っているのです。それだのに自分だけ新しくならなくては、世界の進歩に敗《ま》けてしまいます。新しくなるとは昨日《きのう》のままでいないことです。昨日《きのう》のままのその上に、今日《きょう》は既《すで》に新しい偉《えら》さが加わることです。他《ひと》はどんなに偉くとも、自分はもっと新しい偉さがなければなりません。昨日《きのう》と同じ所にじっとしていては世の中に敗けるばかりです。他《ひと》のして来たところに、さらに新しい偉さと値打《ねうち》を増《ま》そうと心掛《こころが》けることが大切です。

## 生きているものは新しい

生きているものは常に新しいのです。植木《うえき》や花をよく見てごらんなさい。生きている限り毎日毎日生長《せいちょう》します。昨日《きのう》にない新しさが何か殖《ふ》えています。新芽《しんめ》が出るとか、葉が大きくなるとか、蕾《つぼみ》ができるとか、何かの新しさが加わっています。このように生きているものは常に新しいのです。否《いな》、常に新しいからこそ生きているというのです。常に新しくならないことを死んでいるというのです。植木や花が生きているかどうかを知るには、常にそれが新しくなっているかどうかを知れば好《よ》いのです。それが生きていれば日に日に新しくなって行《ゆ》きます。それが死んでいれば日に日に古くなって行《ゆ》くか、ミイラや乾物《ひもの》のようにいつまでも変らないものです。

## 「毎日絶《た》えず」の力

皆さんは、生きているから日に日に新しくならねばなりません。新しくならなければ人は古くなるのです。古くなることは死ぬことです。じっとしているものは乾物《ひもの》かミイラです。「生長《せいちょう》の家《いえ》」が今栄えているのも、いっぺんに大きく広告《こうこく》したから栄えたのではありません。私が日に日に新しくなったからです。私はこれまで一日でも、「今日《きょう》は昨日《きのう》よりこれだけ進歩した、今日《きょう》は昨日《きのう》の上にこれだけの勉強をした」と、その一日を振返《ふりかえ》って見てハッキリと心の中で言えなければ、安心して寝られなかったものです。一日無駄《むだ》に費《ついや》した日があったら、その日一日死んだような気がして悲しくて悲しくてしかたがなかったものです。この心掛《こころがけ》がなかったら、今日《こんにち》の「生長の家」はないのです。ものができるのは一日でできるのではありません。今日《きょう》、土から這《は》い上《あ》がって来た蟬《せみ》でも、土の中で何年間も苦労してきたのです。蟬が今日《きょう》這《は》い上《あが》って来たからとて、その時に蝉ができたのだと思ったら間違《まちがい》です。例えば、この生長《せいちょう》の家《いえ》でもです。それは私の心の中に日に日に新しく生長したのです。私は電車の中でも、汽車の中でも、道を歩いている時にも、休憩時間《きゅうけいじかん》にも本を読みました。本を読まぬ時には何か良《よ》いことを考えました。何か今より良《よ》くなる道を考えました。そしてそれを実行しました。物を見てもポカンと見ていたことはありません。その美しさを見るのでも、どこがどんなに美しいかをシミジミと見つめました。機械《きかい》を見ても、どこがどうなっているかをシミジミと見つめました。なんでもシミジミ見つめて味わうようにすれば、面白味《おもしろみ》のないものはありません。何からでも、無限の味わいが汲《く》み出されてくるものなのです。むかしから「点滴《てんてき》ついに石を穿《うが》つ」と言いまして、どんなに大雨でも、一晩《ひとばん》に石に孔《あな》をあけることはできませんが、ポトリポトリと苔《こけ》の先から滴《したた》る、ほんとに小さい豆粒《まめつぶ》のような水の滴《しずく》でも、毎日毎時間それが落ちていたら、ついに固い固い大岩《おおいわ》でも孔《あな》をあけることができるのです。

小さい豆粒のような水の滴《しずく》でも、常に絶《た》えず少しずつ進撃《しんげき》したら、固い固い岩に孔《あな》をあけることができるのです。「常に絶《た》えず少しずつ」の力は、「一気にやって、後《あと》はのらくら」よりも大きな進歩をするものです。常に少しずつ進歩するということほど、尊《とうと》いことはないのです。赤ん坊はいっぺんに大人《おとな》にはなりません。毎日少しずつ生長《せいちょう》し、毎日少しずつ新しきものを付け加えて大人になるのです。皆さんは兎《うさぎ》と亀とが競争《きょうそう》した喩話《たとえばなし》を知っているでしょう。一気に走って、あとは眠っている者よりも、少しずつでもこやみなく進んで行《ゆ》く者が、ついに勝利を得《う》るのです。

## 自分の身体《からだ》を見て悟《さと》れ

あなたの身体《からだ》を見てごらんなさい。毎日あなたの身体《からだ》は新しくなっているのです。皮《ひ》膚《ふ》だけでいってみても、古い皮膚は垢《あか》となって摩《す》り落ち、新しい皮膚がまた新しい成分《せいぶん》で造られているのです。筋肉《きんにく》でも内臓《ないぞう》でもすべて同じように、すべて古い組織《そしき》は溶《と》けて尿《にょう》や垢になって流れ出て、新しい組織ができているのです。それであればこそ、吾々《われわれ》は生きているのです。吾々《われわれ》の肉体《にくたい》は日に日に新しくなっていっているのです。それであればこそ、吾々は生長《せいちょう》しているのです。

同じことは仕事や商売《しょうばい》の経営《けいえい》や、勉強の仕方《しかた》にもいうことができます。いつも同じような遣方《やりかた》ばかりしていては、新しい事を考えた人に追い越されてしまいます。商売や仕事の組織《そしき》にも広告《こうこく》の出し方にも、常に新しい血が流れていなければならないのです。棚《たな》の拭《ふ》き方《かた》にも、糸のつなぎ方《かた》にも、昨日《きのう》よりは今日《きょう》、今日《きょう》よりは明日《あす》と、いっそう上手《じょうず》にできるように工夫《くふう》をめぐらし、行届《ゆきとど》いた注意をしていなければなりません。棚の拭き方や、糸のつなぎ方などは、小さいことだからどうでも好《よ》いと思ってはなりません。何にでも、どんなに小さなことにでも行届《ゆきとど》いたやり方、観方《みかた》、考え方をする心の習慣《しゅうかん》をつけていますと、それがイザという時に、どんな大きな仕事をする時にも役に立って来るのです。自動車王ヘンリー・フォード翁《おう》のすぐれた智慧《ちえ》は、いつ磨《みが》かれたかといいますと、無一物《むいちぶつ》で職工生活《しょっこうせいかつ》をした時から、しだいに磨かれたのです。

# 小さな欠点を大《だい》なる美点《びてん》に化《か》せ

シカゴの有名な或《あ》る百貨店《ひゃっかてん》の支配人《しはいにん》は、暑中休暇《しょちゅうきゅうか》に、休暇をとってどこかへ旅行して帰って来ると、必ず自分の百貨店の店飾《みせかざり》の遣方《やりかた》をスッカリ変えてしまうということです。この支配人は休暇《きゅうか》をとるといっても、ただぼんやりなどしていないのです。いつも、何事《なにごと》にも行届《ゆきとど》いた注意をして、ちょっとしたことにでも、もっと新しい遣方《やりかた》はないか、もっといっそうよい遣方《やりかた》はないかと研究《けんきゅう》し、ちょっとでも、いっそうよい新しい遣方《やりかた》があれば、さっそくその実行に取掛《とりかか》るのです。そしてその支配人が旅行から帰った後《のち》には、その店は別の店のように新しい陳列法《ちんれつほう》で人々の目を惹《ひ》くのです。

小さい欠点だといって疎《おろそ》かにしているようなことでは、その店は繁昌《はんじょう》しないのです。それが「欠点」である間は小さくて、どちらでも好《よ》いような些細《ささい》なものでありましても、この小さな部分を「美点」にかえてしまったら、今までは毒にも薬にもならぬほどの小さな部分が、ぐっと人々を魅《ひ》きつける特徴《とくちょう》になってくるのです。一枚のチラシ、振替貯金用紙《ふりかえちょきんようし》の裏に印刷する広告文句《こうこくもんく》などでも、一行《いちぎょう》の文句を換《か》えることによって素晴《すば》しい効果《こうか》をもってくるのです。商売上手《しょうばいじょうず》ということを軽蔑《けいべつ》するような宗教家《しゅうきょうか》もありますが、宗教《しゅうきょう》の極致《きょくち》は、商売の極致とも一致しなければならないのです。商売は実際の世の中に生命《せいめい》を生かす道です。本当の宗教は、過去のお寺さんのように、死骸《しがい》にお経《きょう》を誦《あ》げることではありません。生命《せいめい》を本当に生かす道を教えるのが宗教なのです。高座《こうざ》の上や本の上で、生命を生かす道を説《と》くだけでは宗教ではないのです。宗教は生活の上に実際に人々の生命を生かさねばならないのです。職業《しょくぎょう》の上に、仕事の上に、商売の上に、すこしも抜目《ぬけめ》のないような行届《ゆきとど》いた智慧《ちえ》が出て来るのが宗教の生きた働きです。宗教とは、寝ていて欠伸《あくび》をして手を伸《の》ばした拍子《ひょうし》に「棚《たな》から牡丹餅《ぼたもち》」が転《ころ》がり落ち、口へ入ったというようなものではありません。どんな些細《ささい》な事にも、神様の教《おしえ》を見出し、どんな小さな事でも良《よ》いと思うことはことごとく実行し、礫《こいし》の形の間は、毒にも薬にもならない程《ほど》のどうでも好《よ》い欠点でも、磨《みが》き上《あ》げて多勢《おおぜい》の人を惹《ひ》きつけるダイヤモンドに仕《し》上《あ》げることなのです。こういう人には失敗というものはありません。ここにいたっては、商売《しょうばい》も商道《しょうどう》であり、尊《とうと》い宗教であります。

## 第一印象《だいいちいんしょう》が大切

小さな欠点だと思ってばかにしている人は、鏡《かがみ》の前に立って自分の顔を鏡に映《うつ》してごらんなさい。そして、しばらくその顔を眺《なが》めてから、一本の人差指《ひとさしゆび》で、鼻さきをちょっと下から上へグッと押し上げてごらんなさい。ただそれだけの異《ちが》いで、どんなにかあなたの顔が不細工《ぶさいく》な顔に見えるでしょうか。鼻のさきわずか一分位《いちぶぐらい》(編註・長さの単位。一分は一寸の十分の一)の形がちがっただけで、そんなにも人間の顔は不格好《ぶかっこう》に見えるのです。このように小さな欠点が、どんなに人様《ひとさま》に対する感じを悪くしているかは考えなければならないことです。一分《いちぶ》の異《ちが》いで美人が醜婦《しゅうふ》になるのです。それは「人間の顔」だけのことではありません。あらゆる物が、小さな欠点をそのままにしておくために、どんなに他《ひと》から見て見苦しく見えていることでしょう。これを考えたら、小さな欠点をおろそかにしておくことはできません。

物にも、人にも、第一印象《だいいちいんしょう》が大切です。第一印象とは、最初チョット見たときに、なんとなく良《よ》い感じがするとか、なんとなく好《す》かぬ感じがするとかいう感じを申《もう》します。最初チョット見たときに、小さな欠点ぐらい好《よ》かろうと思って、鼻のさきを一分《いちぶ》だけあおむきにして人に会ってごらんなさい。その人は「変な人だ」と思って、二度とあなたを尊敬《そんけい》しますまい。それと同じく、最初によく思われることが肝腎《かんじん》です。最初に一度だめだと思われたら、二度目からはよほどよくならないと、他《ひと》からは尊敬されません。

## 他《ひと》から見てどう見える

仕事でも、顔でも、店構《みせがま》えでも、事務所の玄関《げんかん》でも、外から見てどう見えるかを調べてから、他《ひと》に見せるようにすることが大切です。仕事をする上からいえば、自分はその仕事をやりとげることに熱心すぎて、ちょっとぐらいよごれていても、気がつかないことがありがちです。いかに立派《りっぱ》な製品《せいひん》でも、ほんのちょっと手垢《てあか》がついているために、つまらないものだと見向《みむき》もされないこともあります。まず自分がお客になって玄関《げんかん》へ入って行《ゆ》くと、どんな感じがするか、什器《じゅうき》（編註・日常使う家具類）や椅子《いす》の並べ方は不快ではないか、応接室《おうせつしつ》で待っているとどんな感じがするか、何分間待たせられるか、待っている間に放《ほう》っておかれるか、何か出されるか、その出し方はどんなふうにするか、読物《よみもの》はあるか、最初の面談《めんだん》はどんなふうに始められるか。……こんなことでも、自分が客となって見なければわからないのです。他《た》の事務所や商店と比較《ひかく》してみて、悪いところはできるだけ廃《や》めるようにし、良《よ》い所はできるだけ取入《とりい》れるようにし、さらによそに見られぬ好《よ》い感じを出すようにしなければなりません。

自分の店や自分の事務所ばかりを見ていては、欠点があっても、その欠点は慣《な》れてしまって、それが当り前のような気がして気づかないものです。臭《くさ》い空気に慣れてしまっては、その空気が臭《くさ》い空気だということに気がつきません。しかし外から入って来たら、「なんてここは臭い空気だろう」と気がつくのです。客は外から入って来るのですから、一番誰《たれ》よりもその室《へや》の空気の良《よ》し悪《あ》しには気がつくのです。室《へや》の空気の好し悪しというのは、鼻から吸う空気だけのことではありません。心で吸うなんとなきその室《へや》の味です。その室《へや》の匂《にお》いです。その室《へや》の感じです。その中には人間のようすもあり、微笑《びしょう》もあり、心の思いもあり、椅子《いす》や家具《かぐ》の並べ方もあり、「ああここは気持《きもち》が好《よ》い」と思われるようにしなければなりません。

## 猿真似《さるまね》するな

「間違《まちがい》なく世間から見捨てられる方法は、人真似《ひとまね》以上に一歩も偉《えら》くならないことだ」と言った人があります。しかしまた、「偉い者の真似をすれば偉くなる」という諺《ことわざ》もあります。しかし偉い者のした形を真似るだけでは猿真似です。猿真似では、元《もと》の人よりは偉《えら》くなれません。偉い人はなぜ偉くなったか、よくその心掛《こころがけ》を考えてその心掛を真似《まね》て、その日その日自分の中にある「生《い》き生《い》きしさ」を働かして、人真似《ひとまね》以上に突き抜けねばなりません。人真似した偉さは、気の抜けた汲《く》み置《お》きの水のようなもので、新鮮《しんせん》な味わいがないものです。

## 新しくならない物はまずい

汲《く》み立ての水は、味わいも佳《よ》く新鮮な感じがしますが、汲み置きの水はちょっと見るとやはり透明《とうめい》で、別に質《しつ》が変っていないようにみえますけれども、飲んでみると味わいがなく新鮮な感じがしません。店先《みせさき》や事務所の空気もやはりそうです。その仕事を始めた当時は、感激《かんげき》に満ちて働いていた店員でも事務員でも、だんだん感激《かんげき》がうすれて面白《おもしろ》味《み》がなくなり、ただ機械的《きかいてき》に仕事をするようになり、しだいに不平《ふへい》を言い出すのは、勤《つと》めている人そのものが日に日に新しくなろうと考えないからです。ちょっと見ると開店当時と同じでも、それは汲《く》み置《お》きの水のように新鮮味《しんせんみ》を失っているのです。日に日に新しくならない者は、ちょっと見ると、前と同じような形をしていても、新鮮味《しんせんみ》がなくなり味わいがなくなり、そこの空気が悪くなっているのです。内部の人に判《わか》らなくても、外から入って来ればよくわかるのです。繁昌《はんじょう》する店と繁昌しない店は、その店にいる人たちの心が、日に日に新しくなっているかどうかということできまるのです。皆さん、日に日に新しく日に日に良《よ》い考えを生《う》んでゆきましょう。

# 第六章　疲労《ひろう》を感じない力の生かし方

# なぜ疲《つか》れる人と疲れぬ人とができるか

心の力、肉体《にくたい》の力、そのほかどんな力でも之《これ》を強め、増し、大きくする秘訣《ひけつ》がありま す。それは難《むつ》かしいことではありません。それは今ある力を十分使うことです。人間は、心の力でも、肉体の力でも、仕事をする力でも、勉強する力でも、使えば使うほど強くなり、増してくるのです。出せば出すほど出る力、使えば使うほど殖《ふ》えてくるのが生命《せいめい》の力なのです。

しかし、出せば出すほど力が減り、使えば使うほど神経衰弱《しんけいすいじゃく》になる人もないこともありません。或《あ》る人々は、働きすぎたので疲労《ひろう》して病気になったと言いますし、或る人々は、心を使いすぎたので神経衰弱になったと言います。

では、なぜ、一方《いっぽう》の人は出せば出すほど力が湧《わ》いて来《き》、働けば働くほど元気になるのに、なぜ、もう一方の人は出せば出すほど力が減り、働けば働くほど元気がなくなり、病気になったりするのでしょうか。

ここに人間成功の秘密の鍵《かぎ》があります。皆さんはこの秘密の鍵が何《な》んであるか、考え当てることができますか。

懸賞《けんしょう》問題です。百円や千円や一万円の端金《はしたがね》が賞金《しょうきん》に出るのではありません。この問題が解《と》けた方《かた》には「一生涯《いっしょうがい》の成功」という懸賞がつくのです。

## 二人の答《こたえ》はどちらが正しい？

Aさん、あなたにはもうこの問題は解《と》けたでしょうね。解けるのは当り前です。あなたは、毎号『生長《せいちょう》の家《いえ》』という雑誌を読んでいらっしゃるのですもの。Bさん、もうあなたにはこの「秘密の鍵」は見つかったでしょうね。あなたは、先日『生命《せいめい》の實相《じっそう》』を一所懸命《いっしょけんめい》に読んでいらっしゃいましたから。

この「秘密の鍵」を見出す道は、『生命の實相』や「生長の家」の本のどのページにも書いてあるのです。ではAさん答えて下さい。Aさんは答えます。「後《あと》の人が、出せば出すほど力が減ったり、神経衰弱《しんけいすいじゃく》になったのは、人間を物質《ぶっしつ》であると思っていたからなのです。前《さき》の人が出せば出すほど力が増して強くなったのは、人間を神の子だと思い、硯《すずり》の上で磨《す》る墨《すみ》のように、磨《す》れば磨《す》るほど減ると思っていなかったからなのです。」

「Aさんの答《こたえ》は満点です。ではBさん答えてください。」

Bさんは答えます。「人間は働けば働くほど力が出るのは、人間は、眼《め》に見えないが『無限の力の源《みなもと》』につながっているからなのです。この『無限の力の源』を神さまというのです。人間は神様から力の泉をいただいているのです。このことを前《まえ》の人は知っていたのです。ところが後《あと》の人が働けば働くほど疲《つか》れて病気になったのは、恐れながら働いたか、不平《ふへい》に思いながら働いたからです。その働きに感謝《かんしゃ》しながら『無限の力の泉』が宿っていることを信じながら働くものには、疲れるということも、病気になるということもありません。」

Bさん、あなたの答《こたえ》も満点です。常に暇《ひま》あるごとに、私達は次のように吾《わ》がたましいに呼び掛けようではありませんか。

「たましいの底の底なる神よ、
無限の力よ、
湧《わ》き出《い》でよ。」

常に、かく心に口ずさんで、自己に宿る無限の力に呼びかけるものには、力が無限に湧き出るのです。

疲《つか》れた時など、二、三分間こう心で唱《とな》えて無限の力を呼出《よびだ》せば元気が出ます。

## こんな簡単《かんたん》な方法で

電車で学校へ通うとき、会社へ通うとき、工場へ通うとき、その電車の中で静かに眼《め》をつぶって、

「わがたましいの底の底なる神よ、

無限の力よ、湧《わ》き出《い》でよ！」と呼び掛けて、「私は無限の力に護《まも》られているんだ！　疲《つか》れない！　疲れない！　人間、力は無限力だ」と、数回心の中で一心《いっしん》に繰返《くりかえ》す方法は、我らが疲れなくなる、そして無限の働く力や無限の勉強する力が湧《わ》いて来る、最も簡単《かんたん》な神想観《しんそうかん》(編註・著者が霊感によって得た瞑想法)です。

皆さん、やってごらんなさい。

毎日これを続けてごらんなさい、おびただしい自信がついて参《まい》ります。素晴《すば》しい能力が内から湧き出てまいります。身体《からだ》が健康《けんこう》になり、記憶力《きおくりょく》がよくなり、勉強がよくでき、仕事の能率《のうりつ》が上《あが》り、したがって人からは喜ばれ、そこに立身出世《りっしんしゅっせ》の礎《いしずえ》が築かれるのです。

一度や二度やって見て止《や》めるようではなんにもなりません。毎日、電車での往復の時でも好《よ》い、毎日机に向ったときの一分間ずつだけでも好《よ》い、常にたゆまず、自分自身の中《うち》に呼びかけるのです。この習慣《しゅうかん》をつけておけば、試験場《しけんじょう》へ出たとき、あるいは工場で難《むつ》かしい仕事にぶっ突《つ》かったとき、ほんの瞬間《しゅんかん》のあいだ「わがたましいの底の底なる神よ」と呼び掛けることによって精神統一《せいしんとういつ》し、おちつきができ、みごと難関《なんかん》を突破し得《う》るようになるのです。

他人に物をたのむよりも、自分自身の中《うち》にある「無限の力」に呼びかける方《ほう》が、なんぼやさしいことでしょう。自分の中《なか》には無限の力が宿っているものを！　こんな簡単《かんたん》な実行から無限の力が湧《わ》いて来るのです。

## まず実行です、今日《きょう》から

まず実行です。この『人生読本《じんせいとくほん》』に書いてあることは、できないことはちょっとも書いてないのです。やって効果《こうか》のないことはちっとも書いてありません。『生命《せいめい》の實相《じっそう》』に書いて多くの人が実行して効果のあった真理《しんり》を、もっとやさしく、わかりやすく、短い時間に読めるように、短い時間に実行できるように書いてあるのです。だから読んだらすぐ実行です。毎日電車の中での黙念《もくねん》、仕事にかかる前の一分間の黙念——黙念というのは口では黙っていて心で念《おも》うのです。先刻《せんこく》お教えしたように、一分間眼《め》を瞑《つぶ》って、

「わがたましいの底の底なる神よ。
無限の力よ、湧《わ》き出《い》でよ！」

と自分自身の魂《たましい》に呼びかけるのが神想観《しんそうかん》であり、黙念《もくねん》です。

この呼び掛けが、どんなにか力になることでしょう。

## 時々はまた別の新しい言葉で

必ずしもこのとおりの言葉でなくともよろしい。時々はまた別の新しい言葉で、自分の内に宿る「神様の無限の力」に呼びかけてもよろしいのです。

ともかくも、自分の内に宿る神に呼びかけることが必要です。

「求めよ、さらば与えられん」（編註・新約聖書「マタイ伝」）です。神は決して遠いお空の

かなたにいるのではない、神は自分の内にいまして応《こた》えられます。「魚《うお》を求むる者に蛇《へび》を与《あた》うるものあらんや。パンを求むる者に石を与《あた》うる者あらんや。いわんや天にまします我等《われら》の父は我らになくてはならぬ物を知り給《たま》う」（編註・新約聖書「マタイ伝」）という言葉を、私は会社へ行っていた頃、出勤《しゅっきん》の電車の中で繰返《くりかえ》していた時代がありました。すると不思議《ふしぎ》に、自分の求むることは必ずできるのだという自信が湧《わ》いてまいりました。そしていつの間にか、私の運《うん》は好転《こうてん》してきました。

神は吾々《われわれ》が求めなくとも与えてい給《たま》うのです。神は吾々が想《おも》い出さなくとも、吾々の中《なか》に「すべて」を与えていられるのです。

しかし吾々の中《なか》にあるその「すべて」の中から、要《い》るだけのものを呼び出してくるのは「言葉の力」によるのです。そして言葉で喚《よ》び起《おこ》された自信の力によるのです。

ちょうどそれは、吾々の懐《ふところ》の中《なか》に、知らぬ間に神様から入れられていた蟇口《がまぐち》のようなものです。その蟇口《がまぐち》の中には、なんでも欲《ほ》しい物が買える無限の金が入っているのですが、そのことを思い出さないと、欲しいものを買おうにも買う力が出て来ないでしょう。「自分の中《なか》に無限の力がある！」こんな簡単《かんたん》な言葉でもよろしい。ともかく、常に自分の内にある無限の力を呼《よ》び覚《さ》ます意味の言葉を使って、自分の魂《たましい》に呼びかけ、自分のたましいの奥にやどっている無限の力――何でも買うことのできる「蟇口《がまぐち》の中《なか》の財《たから》」を思い出すことにしようではありませんか。

## 何が「無限の力」を邪魔《じゃま》するか

自分の中に宿っている「無限の力」――この無限の力を称《しょう》して「神」というのです。「無限の力」はこのように言葉の力で、また神想観《しんそうかん》の力で、黙念《もくねん》の力で呼び出されてくるのですけれども、その無限の力を呼び出す邪魔となる心の働きがあります。

それは他《ひと》に対する「憎《にく》みの心」です。他《ひと》に対する呪《のろ》いの心です。他《ひと》に対する不平《ふへい》の心です――こういう心は、人と人と摩《す》れ合う摩擦《まさつ》の心ですから、せっかく、内から出て来る無限の力を摩《す》り減らして無駄《むだ》に消耗《しょうこう》（編註・「しょうもう」とも読む）してしまうのです。

皆さんは、機械《きかい》になぜ油《あぶら》を注《さ》すか知っているでしょう。それは機械の摩擦を少なくするためです。なぜ摩擦を少なくしなければなりませんか。摩擦は不必要に動力《どうりょく》を食《く》うからなのです。摩擦があるだけ機械《きかい》の効率《こうりつ》が減るからなのです。

人間もやはり同じことです。せっかく「人間・神の子」の自覚《じかく》ができて、無限の力が内部から湧《わ》いて来ていましても、摩擦《まさつ》が心の中にあれば、せっかくの無限力も摩擦のために食《く》われてしまうのです。憎《にく》み、呪《のろ》い、恨《うら》み、不平《ふへい》、悲しみ、おしい、ほしい、取越《とりこし》苦労《くろう》、持越苦労《もちこしくろう》――これらは大《だい》なる心の摩擦であります。

では、心の摩擦をなくするにはどうしたらよいでしょうか。機械の摩擦を防ぐためには、機械に油《あぶら》を塗《ぬ》るでしょう。それと同じく、心の摩擦を防ぐためには、心に油を塗ればよいのです。心に塗るべき油とはどんな油か、その油を考えて発明して特許《とっきょ》をとったらずいぶんよく売れて、その人はきっと大金持《おおがねもち》になるでしょう。

# 新発売、心に塗《ぬ》る油

心に塗る油の一種は「感謝油《かんしゃゆ》」と申《もう》します。また「朗か油《ほがらゆ》」という名前の油も売り出されております。また「愛の油《あぶら》」というのもあります。どこに、そんな心に塗る油を売っていますか。よそを探《たず》ねるにはおよびません。あなたの心の中《なか》に売っているのですよ。あなたの心の中《なか》を掘ればどれだけでも滾々《こんこん》と湧《わ》き出て来るのです。

感謝《かんしゃ》の油は、どういう動力《どうりょく》で汲《く》み出《だ》すかと言うと、「ありがとう」という言葉の力で汲み出すのです。なんでも、「ありがとうございます」という言葉を心に思い、また口に出すのです。ただ「ありがとう」とさえ思えば、その思いは「心」を潤《うるお》す油となって、人と人との摩擦《まさつ》はなくなり、不平《ふへい》は無《な》くなり、物事《ものごと》は順調《じゅんちょう》にゆくようになります。

その次の油「朗か油《ほがらゆ》」もあなたの心の店で売っています。これは「どんなに悪く見えることでも、必ずよくなる。自分は運《うん》が好《よ》いのだから、必ずよくなるほかはしかたがない」と常に考えるようにするのです。真夜半《まよなか》がきたら、朝になる始めだと考えるのです。雨が降ったら、これは晴天《せいてん》になる始めだと考えるのです。夜があるので朝が楽しいのです。雨があるのでお天気が楽しいのです。

「自分は、神の子だもの、神に護《まも》られているんだもの、よくなるほかはありえない。」

何か不快なことがあったり、気分が暗くなって来たときには、一分間でも眼《め》を瞑《つぶ》って、この言葉で自分のたましいに呼びかけるのです。これが「朗《ほが》か油《ゆ》」を自分の心に注《さ》す方法です。

## 愛はすべてを癒《いや》す

次に人間の心を柔《やわら》げる油《あぶら》に、「愛の油《あぶら》」という素晴《すば》らしくよく効《き》く油があります。「愛の油」を注《さ》すと、どんなものでも摩擦《まさつ》がなくなります。仕事をして、うまくできなかったり、その仕事に故障《こしょう》が起ったり、その仕事で怪我《けが》をしたり、仕事の結果健康《けんこう》を害《がい》したりするのは、仕事に対する愛が足りないか、仕事に対して恐怖心《きょうふしん》が伴《ともな》っているのです。愛しさえすれば、仕事はあなたに害を与えるものではありません。犬でも愛する人には咬《か》みつきはいたしません。恐れる者には犬も咬《か》みつくのです。この仕事をしたら健康《けんこう》を害するかもしれないとか、こんなに夜業《やぎょう》(編註・夜に仕事をすること。よなべ)を続けたら、衰弱《すいじゃく》して肺病《はいびょう》になりはしないかとか、取越苦労《とりこしくろう》が病気の因《もと》です。恐れずに、仕事と勉強に愛を感じ、働かせてもらうことに、勉強させていただくことに、喜びと感謝《かんしゃ》とをもって勇敢《ゆうかん》に生きて行《ゆ》く時には、人間は働くほど健康《けんこう》になるのです、元気になるのです、病気だってかえって治《なお》ってしまうのです。

愛はすべてを治す力です。傷口《きずぐち》に膏薬《こうやく》を貼《は》ればそこが治ってくるように、愛は心の傷手《いたで》を治し、愛は仕事の苦しみを治し、愛は労務《ろうむ》の重さを軽くしてくれるものなのです。吾々《われわれ》が何かまだ苦しいことがあるならば、自分の愛が少ないことを恥《は》じなければなりません。子供を愛する母親は、子供を愛するがゆえにこそ、どんな寒中《かんちゅう》にも夜半《よなか》に起きてお乳《ちち》を温め、襁褓《おしめ》を取りかえ、そしてそれを苦しいとは思わないのです。

「苦しい」と言いそうになった時には、自分のその仕事に対する愛が、社会に対する愛が、国家に対する愛が、足りないんだということを反省して、もっと愛深くなろうと決心しなければなりません。

# 第七章　生命《せいめい》の生かし方

## 生きものと死物《しぶつ》との異《ちが》い

皆さん、あなたがたは自分を大切にしていらっしゃいますか。自分を大切にするというのは自分をなるべく働かせないように、大事に箱の中《なか》へ閉《と》じ込めておくことではありません、木偶人形《でくにんぎょう》なら一年中箱の中へ閉じ込めておく方《ほう》が、汚《よご》れないでいつまでも綺《き》麗《れい》でいるでしょう。しかし閉じ込めてジッとさせておく方《ほう》が、汚れもせず毀《こわ》れもしないのは人形は死んでいるからです。死んでいるものは、使えば使うほど摩《す》り切れてしまうからです。どんな丈夫《じょうぶ》な着物でも、帯でも、足袋《たび》でも、毎日使っておれば破れてきます。しかし生きているものは毎日使っても、毎日物に擦《こす》れても、摩《す》り破れるということはありません。使えば使うほど、擦《こす》れば擦るほど生きているものは丈夫になるのです。冷水摩擦《れいすいまさつ》をして、毎日タオルで皮膚《ひふ》を擦《こす》っても、皮膚が摩《す》り禿《ち》びて使えなくなったということは聞いたことはありますまい。かえって皮膚をこすれば擦《こす》るほど丈夫になり風《か》邪《ぜ》を引かなくなります。足蹠《あしのうら》の皮膚《ひふ》は、毎日身体《からだ》ぜんたいの重荷《おもに》を背負って、土や、床や、畳《たたみ》や、下駄《げた》と摩擦《まさつ》して働いていますので、身体中《からだじゅう》の皮膚の中《うち》で足蹠《あしのうら》の皮膚は、一等太っているのです。死んでいるものと、生きているものとの相異《そうい》は、死んでいるものは働かせば働かすほど細《ほそ》るし、生きているものは働かせば働かすほど太るということです。

## かわいがる道と憎《にく》む道と

生きているものは働かせば働かせるほど太るし、かえって、働かせずにジッとさせて置けば細《ほそ》るものだということがわかれば、生きているものと死んでいるものとは、その大切にする仕方《しかた》が自《おのず》から変ってこなければなりますまい。吾々《われわれ》生きている者は、「自分」を大切にしようと思えば、「自分」を働かせなければならないのです。「自分」を絶《た》えず働かせている者は、「自分」を大切にしている者ですし、「自分」を絶《た》えず怠《なま》けさせている者は、「自分」を粗末《そまつ》にしている者なのです。「自分」を絶《た》えず怠《なま》けさせていながら、「自分」をかわいがっているつもりになっている人があれば、大変な見当《けんとう》ちがいです。働くということは自分を愛する道、怠《なま》けるということは自分を憎《にく》む道です。

## 仕事や勉強をするコツ

この事がわかりまして、さて、自分を振返《ふりかえ》ってみますと、吾々《われわれ》は今までどんなに自分自身を憎んで来たことでしょう。吾々は今まで、本当にかわいがるとはどんなことだか知らなかったから、かわいがっているつもりで、本当は憎んで来たのです。吾々は自分自身にもっと深切《しんせつ》でなければならなかったはずなのです。もっともっと自分の心が太るように身体《からだ》が強くなるように、自分自身を絶《た》えず働かせていなければならなかったのです。自分自身を絶えず勉強させていなければならなかったのです。

自分を働かすにも、勉強さすにもコツがあります。今まで皆さんはこのコツを知らないで、自分を働かせたり勉強したりしましたから、働いたり勉強すれば、かえって疲《つか》れたり、弱ったり、病気になったりしたのです。それでは、そのいくら働いても、いくら勉強しても疲《つか》れない、弱らない、病気にならないコツというのはどこにあるのか教えて欲《ほ》しいと思われるでしょう。ではそのコツがどこにあるかを説明しましょう。

## 働くときの心の持方《もちかた》

いくら働いても、いくら勉強しても、疲《つか》れない弱らないコツは「心」にあるのです。「心」の持方ひとつで、我々《われわれ》はいくら働いても、いくら勉強しても、疲れず弱らずますます丈夫《じょうぶ》になるのです。どんな「心」の持方《もちかた》をするのがよいかといえば、働いたり勉強したら身体《からだ》が疲れるとか、弱るとか考えていたその考えを、スッカリ「心」の隅々《すみずみ》から捨てきってしまうことです。そして人間は生きものだから働けば働くほど、勉強すれば勉強するほど、達者《たっしゃ》になる丈夫になると常に考えるようにすればよいのです。怠《なま》け心《ごころ》が起って来たら、「ああ又《また》私は自分自身を憎《にく》む心を起していた。私は生きているのだから、働いたり、勉強したりすることが、自分自身をかわいがることになるのだ」と思い返して、また仕事や勉強を励《はげ》むのです。これがいくら働いても、勉強しても、疲《つか》れないコツのひとつです。

## 楽しく思って仕事をせよ

もうひとつのコツは、仕事する時にはその仕事を、勉強する時にはその勉強を、絶《た》えず楽しく思ってすることです、いやいや仕事をしたり勉強したりするのは、病気の因《もと》です。例えば糸を紡《つむ》ぐにしても、「私が糸を紡いであげるので、多くの人が着物を着られて喜ぶのだ。みんなの人が私の仕事にありがたがっている。みんなの人が私の仕事を感《かん》謝《しゃ》している。私はみんなに喜ばれる仕事をしているのだ。ああ今日《きょう》も私は人々の為《ため》になった。ああ今も皆さんが私のことを喜んでくれている」と思いつつ、喜びながら仕事をするのです。そうすると人間は決して疲《つか》れません。本当に疲れません。

## 或《あ》る少年の話

神戸《こうべ》に肋膜炎《ろくまくえん》という病気に罹《かか》って、やっと治《なお》りかけたくらいの痩《や》せ衰《おとろ》えた六年生の生徒がありました。中学（編註・旧制中学校。現在の高等学校に当たる）へ入学するのに、試験《しけん》の競争《きょうそう》がはげしいので、病後《びょうご》のその少年にとっては、誰《たれ》がみても一年ぐらい休学《きゅうがく》して、来年もう一年、六年生の勉強をしてから中学校へ入る方《ほう》が無理《むり》がなくてよかろうと思えるのでした。母親もそう思っていました。そして私のところへ、その少年をつれて相談に来られたのです。その時私は、その少年と母親とに申《もう》しました。「勉強は心を富まし、身体《からだ》を丈夫《じょうぶ》にする薬なのです。勉強をすれば身体《からだ》が弱くなると思っていたのは、ふるい時代の迷信《めいしん》です。勉強する時には、これから身体《からだ》の丈夫になる薬をのむと思って勉強しなさい。『ああこの薬は楽しい。楽しいことはいくらやっても疲《つか》れない。私が勉強したら、父さま母さまが喜んでくださる。人を喜ばすことをすれば身体《からだ》は丈夫《じょうぶ》になるばかりだ。決して疲《つか》れない。』こう思ってから本を開いて勉強しなさい」と私が申上《もうしあ》げますと、その少年は、病後《びょうご》の疲れた身体《からだ》で、毎晩二時三時頃《ごろ》までも勉強したものです。それに決して疲れるということなく、しだいに肥《こ》えて、小学校を卒業する頃には、学科もよくできるし、体格《たいかく》も立派《りっぱ》になり、無事に中学へ入学して、次の日その母親に私が会ったときには、大変喜んでお礼を申《もう》されたのであります。

## 誰《たれ》でも楽しくなれば生《い》き生《い》きする

仕事や勉強は自分を立派にすることであり、自分の値打《ねうち》を出すことであり、自分を丈《じょう》夫《ぶ》にすることであり、その上、他《ひと》を喜ばすこと、他《ひと》からありがたがられることだと知れば、吾々《われわれ》は仕事や勉強が自然に楽しくならずにはいないのです。楽しくなれば、吾々は生き生きしてくるのです。生き生きしてくれば身体《からだ》も元気になって来るのです。生き生きしない植木《うえき》は枯《か》れて来ますが、生き生きしている植木は、ズンズン伸《の》びて行《ゆ》くのでも明《あきら》かになりましょう。

## 最も楽しくなる法

生《い》き生《い》きするには楽しいと思わねばなりません。悲しいと思っていて生き生きできる人はありません。生き生きしないものは、枯れかかった植木《うえき》と同じく、新しい芽が伸びないのです。生き生きしない者は枯れるほかはないのです。では生き生きするにはどうすればよいか、楽しく仕事をし、楽しく勉強するのがよいことは今申《もう》しました。しかし、もう一つ大切なことがあります。それは自分を神の子だと思うことです。皆さんは、自分を世界一の金持《かねもち》の子だと思うだけでも楽しいでしょう。皆さんは、自分をどこかの国の王様の王子だと考えるだけでも楽しいでしょう。では、その王様よりも、もうひとつ偉《えら》い神様の、その子供だとお考えになったらどんなに楽しくなられるでしょう。

どんなに生き生きせられるでしょう。王子でも学者でも、自分を「神の子」だと考えて、生き生きした心持《こころもち》になった人はたくさんあります。キリストでも釈迦《しゃか》でも、自分を神様の子だと思って生き生きした心持になったのです。

## 考える事は力です

私は、皆さんに、「神の子」でないものを、「神の子」だと無理《むり》にお考えなさいと言うのではありません。人間ははじめから「神の子」だから、「神の子」だとお考えなさいと言うのです。そう考えても、考えなくても、「神の子」なのです。しかし考えることは力なのです。それがこの世を楽しく生きるコツなのです。それが力を出すコツなのです。何百万円の金持《かねもち》でも、自分の心が眠ってしまって、貧乏《びんぼう》で乞食《こじき》をしている夢を見ている限りは、その夢の中では十円の品物だって買うことができないでしょう。何百万円の金持がその金持だけの力を出すには、貧乏で乞食をしているその夢から覚《さ》めて、「ああ今のは夢であった、わたしは金持《かねもち》であったのだ」と気がつかねばならないでしょう。それと同じく皆さんは、はじめから「神の子」なのですけれども、「神の子」そのままの楽しさを現《あら》わし、「神の子」そのままの生《い》き生《い》きしさを現《あらわ》すには、「自分は神の子だ」と気がつかねばならないのです。私は世の中の人に、「自分は神の子だ」と気づかせてあげるために、毎月雑誌におしえを書いているのです。皆さんは、誰《たれ》も彼も本当に「神の子」なのです。皆さんは自分を「神の子」だと思うだけでも楽しいでしょう。楽しいから仕事も勉強もよくできるのです。今日《きょう》から仕事の成績《せいせき》が上《あが》りますよ。勉強の成績が上りますよ。その証拠《しょうこ》には皆さんの顔が生《い》き生《い》きして来ました。生き生きするところに神様の生命《いのち》は生きているのです。ごらんなさい！　春の若葉は生き生きしているではありませんか。生き生きしている新芽《しんめ》はずんずん伸《の》びるでしょう。やがて生き生きしなくなれば伸びなくなります。皆さんは楽しく生き生きして来られましたから、なんでもズンズン上手《じょうず》になります。仕事は楽しく、勉強は楽しくなります。きっとですよ。

## 思うとおりに人間はなる

「思うとおりに人間は成《な》る」という諺《ことわざ》があります。自分を「偉《えら》い」と思う者は、ついには本当に偉くなるのです。自分は駄目《だめ》だと思うものは、ついには本当に駄目になるのです。自分を偉いと思えと言っても、いばれと言うのでは決してありません。弱い者の前でいばり散らしているような者は、きっと強い者の前では猫のようになっている卑《ひ》怯者《きょうもの》です。本当に自分を「偉い」と思っている者は、かえって誰《たれ》の前にもいばらないで、少しも気取《きど》ったりしないで、自分の仕事や勉強をただ当り前に熱心に精出《せいだ》してやるものです。気取ったり、いばったり、人前《ひとまえ》を飾《かざ》ったりしている者は、本当に自分を偉いと思っていないのです。だから他《ひと》から「偉くない」と思われてはかなわぬと思って、なるべく偉そうに見せかけるために、人前を飾ったり、いばったりするのです。本当に自分を偉いと思っている者は、庭掃《にわは》きでも、便所掃除《べんじょそうじ》でも、廊下拭《ろうかふ》きでも、どんなことでも、人のためになることが平気でできるのです。掃除《そうじ》をしても、「誰《たれ》かソッと見とってくれて、賞《ほ》めてくれればよいのになァ」と思いながら、掃除をするようでは、まだまだ本当ではありません。

## 自分の心に賞《ほ》められる人間になれ

人間は自分が「神の子」であり、自分の心に神の心が宿っているのですから、自分の心で自分自身を、少しも依怙贔屓《えこひいき》なしに賞《ほ》められるようになることが第一です。自分を本当に「偉《えら》い」と思うことは、自分の心で自分自身を振返《ふりかえ》って見て、賞《ほ》められるようになることです。他《ひと》に見て貰《もら》って賞《ほ》められたいと思うかわりに、自分の心で見て、自分自身を賞《ほ》められるようにおなりなさい。「誰《たれ》も見ていないのに、自分はよく仕事に精出《せいだ》しして偉いなァ」と思えるようにおなりなさい。「誰《たれ》も見ていないのに、自分はこんなに勉強できて偉いなァ」と思えるようにおなりなさい。自分の心に神の心が宿っているのですから、自分の心に賞《ほ》められるのは神様に賞《ほ》められるのも同じことです。だから自分で自分が賞《ほ》められるようになったら、世の中でこんな楽しい事はありません。今まで、世界で偉《えら》くなった人はみんな、自分の心が本当に賞《ほ》めるような、立派《りっぱ》なことをするように心掛《こころが》けて来た人ばかりです。

## 「自分はまだまだこれからだ」

自分で自分を振返《ふりかえ》って見て、まだまだ本当に自分の行《おこな》いや、仕事や、勉強に、満点がつけられない人はたくさんありましょう。そんな時にあなたはどうお考えになりますか。「自分は駄目《だめ》だ」とお考えになりますか。それとも「自分はまだまだ駄目だ」とお考えになりますか。自分を振返って見て、満点がつけられない場合に、「自分は駄目だ！」とお考えになれば、勇気がくじけて、これから先は進歩しないのです。「自分はまだまだ駄目だ！」とお考えになる人も、行《ゆ》く先まだまだ道遠《みちとお》しというような感じがして、そんなことでは本当に勇気が生れては来ないのです。では、そんな時にどう考えればよいでしょうか。「自分はまだまだこれからだ」と考えるのです。幼い人も、若い人も、年寄《としより》も、みんな「自分はまだまだこれからだ」と思うことによって、元気が出て来るのです。力が内から湧《わ》いてくるのです。年寄も若返《わかがえ》ってくるのです。では、皆さん、これからどんな時にも「自分はまだまだこれからだ」と思うようにいたしましょうね。

## 燃《も》え滓《かす》の人間になるな

「自分はまだまだこれからだ」と思う者には、行《ゆ》きづまりということがありません。もうそうとう偉《えら》い人でも、慢心《まんしん》するということがありません。今、どんなにできが悪くとも、まだまだこれから偉くなり、上手《じょうず》になると思えば勇気が出、励《はげ》みが出てまいります。「自分はまだまだこれからだ」と思う人には、今後どれだけでも引出《ひきだ》し得《う》る中味《なかみ》があるのです。今後どれだけでも引出し得る値打《ねうち》が残っているのです。「私はできるだけのことをしました。もうこれで私の力はおしまいです」と言うようなことでは、もう進歩の行《ゆ》き止《どま》りです。もう燃《も》え滓《かす》になった石炭《せきたん》のようなものです。人間は燃え滓になってはなりません。どれだけ燃やしても火力《かりょく》の続く無限の石炭にならねばなりません。それには、自分は「まだまだこれからだ」と思うようにすることが肝腎《かんじん》です。

## 自分の中に神の力が

「自分はまだまだこれからだ。」こう思う人には失望《しつぼう》はありません。どんなにいま失敗していても勇気がくじけることはありません。どんなに今成功していても、どんなに今偉《えら》くても、自分はまだまだこれからなのです。「自分はまだまだこれからだ」という言葉には、どれだけ偉くなっても、まだまだ善《よ》くなる力を含んでいます。それには無限の力を含んでいるのです。無限の力は神の力ですから、「自分はまだまだこれからだ」と言う人は、自分の中《うち》には神様の力があると、自分自身を賞《ほ》めているのと同じことです。

## 自惚《うぬぼれ》と自尊《じそん》とは異《ちが》う

自分自身で、自分を賞《ほ》めるような人になれとは、自惚《うぬぼれ》で、できもしないものをできたと思い、ちょっとぐらいできたので、これで神の子のでき栄《ば》えだと思い上《あが》っていばることではないのです。自分を神の子だと思うことは、言い換《か》えれば「自分はまだまだこれからだ」と思うことなのです。賞《ほ》められていばる者は、自分がまだまだこれからいくらでもたくさん能力の出る神の子だということがわからないのです。「自分はまだまだこれからだ」ということと「自分はまだ駄目《だめ》です」と謙遜《へりくだ》ることとは表《おもて》と裏《うら》です。「自分はまだ駄目です」ということは、今のようではまだ駄目だから、これからまだまだ力を出すという意味ではありましょうが、「自分はまだ駄目です」といえば、「駄目」という悲観的《ひかんてき》な言葉の力で、心が沈んでしまいやすいのです。同じ意味でも「自分はまだまだこれから《ヽヽヽ》だ」と心の中で言うようにすれば、力が湧然《ゆうぜん》と湧《わ》き出てまいります。これを言葉の力と申《もう》します。皆さん、常に「自分はまだまだこれから《ヽヽヽ》だ」と考えて、今日《きょう》は昨日《きのう》よりも上手《じょうず》に、明日《あす》は今日《きょう》よりも上手に、仕事でも、勉強でも熱心に精出《せいだ》してやることにいたしましょう。

## 思うとおりになる世界

私達は思うとおりの人間になり、思うとおりの運《うん》を招《よ》ぶことができるのです。運が悪いという人は、みな自分の思いが悪いのです。だから私達は善《よ》い事ばかり思うようにしましょうね。そして自分は立派《りっぱ》な「神の子」だと常《いつ》も思うようにしましょうね。私達みんなの心の中には、「みおや神様《がみさま》」のお力がいつも一杯に充《み》ち満《み》ちていて、自分の思うとおりのものを造ってくださるのです。ですから、あなたがいつも「自分は神の子だ、神の子はなんでも都合《つごう》よくできる」「神の子は素直《すなお》だ」「神の子には病気が無《な》い」「神の子はいつもしあわせである」などと善《よ》いことばかり思うようにしておれば、神様がそのとおりにしてくださるのです。嬉《うれ》しいではありませんか。「わたしは神の子だから、神の子らしくなるのだ」とただ思っているだけで、ほんとうに神の子らしくなって、あなたのお顔まで明るい立派《りっぱ》なお顔に変り、成績《せいせき》もよくなり、身体《からだ》も達者《たっしゃ》になってくるのです。それが、人間は「神の子」「仏《ほとけ》の子」である証拠《しょうこ》なのです。善《よ》き思いをすれば、いくらでも善《よ》きことが出て来るのです。仲《なか》よくすれば、神様、仏様の姿が私達の心の中《うち》に、健康の中《うち》に、運《うん》がよくなることの中《うち》に、顕《あらわ》れられるのです。

どうぞ皆さん、私達はこれから、みな善《よ》い事ばかり思うようにして、皆《みな》仲よくして「神様」がお造りになったとおりの楽しい世界に私達のお家《うち》を造りましょうね。あなたが、「私は神の子である」としっかり思い、また他《ほか》の人も各自《かくじ》に「私は神の子である」としっかり思い、互いに敬《うやま》って相手の悪口《わるくち》を言わず、互いに仲よくするだけで私達の住むお家《うち》が、住む世界が美しく変ってくるのです。あなたのお宅《うち》でも、お父様お母様が御機嫌《ごきげん》よくしてあなたを可愛《かわい》がってくださる時には極楽《ごくらく》のようでしょう。お父様が御機嫌が悪くて叱《しか》られた時には地獄《じごく》のようでしょう。

私達は、みんな自分たちの心が変ってくるだけで、こんなふうにこの世は変ってくるのです。自分が「神の子」であるということが、はっきりわかった人の言葉は、しっかりしてきます。また、その人の考えは正しく間違《まちがい》はないのです、そうしてその人の行《おこな》いは美しくなり、その人の心はいつも勇《いさ》んでいるのです。顔はいつもにこやかで、その言葉つきは晴《は》れ晴《ば》れしてきます。ですから、その人と話す人はみな喜ばされ、その人の言葉を聞く人はみな力強く思い、その人は誰《たれ》にでも頼られる人になるのです。

# 第八章　自分の生かし方

## 自分に深切《しんせつ》にせよ

皆さんは「他《ひと》に深切にせよ」という言葉を、聞きあきるほどきいたことでありましょう。しかし吾々《われわれ》の教えではまず「自分に深切にせよ」と教えるのです。もし「自分に深切にせよ」と教えて下さった先生が多かったならば、自分を殺す戦争など起さなかったでしょう。

他《ひと》に深切にすることなら、どうすればよいのか判《わか》るが、「自分に深切にする」のはどうしたら好《よ》いか判《わか》らないとおっしゃる方《かた》があるかもしれません。それではここに「自分に深切にする」そのやり方を考えてみましょう。

## 腹を立てるのは自分に不深切《ふしんせつ》

「自分に深切にする」とは、もっと十分自分のことを考えてやることです。たいていの人は、いい加減《かげん》不深切《ふしんせつ》に自分自身を扱《あつか》っているのです。たとえば、腹を立てれば自分自身が気持《きもち》が悪くなります。自分自身を気持悪くさせることは、自分に深切な扱いとは言えないでしょう。誰《たれ》に対してでも好《よ》い気持にしてあげるのが、その人に深切なのです。そしたら、自分自身もよい気持にしてあげるのが、自分自身に深切なのです。それだのに、腹を立てるのは自分自身を悪い気持にしているのだから、自分自身を不深切に扱っているということになるのです。

## 腹を立てれば血に毒素《どくそ》ができる

アメリカに、ハーバード大学という有名な大学があります。その大学からは心理学《しんりがく》といって、心のことを研究《けんきゅう》する学問《がくもん》の先生で、立派《りっぱ》な学者がたくさん出ました。その中でも、ウイリアム・ジェイムズ教授《きょうじゅ》とか、エルマー・ゲーツ博士《はくし》とかいう人は、世界的に有名な学者です。そのゲーツ博士の調べたところによりますと、人間は腹を立てたら、血の中に毒《どく》ができることが判《わか》りました。腹を立てると気持《きもち》が悪くなるのは、自分の血の中に毒《どく》ができるからです。日本でも鼠《ねずみ》を棒切《ぼうき》れで追い廻《まわ》して、六時間つづけて腹を立てさしておく実験《じっけん》で、その鼠《ねずみ》が死んでしまったという話があります。腹を立てると自分の血の中に毒ができるとしましたら、腹を立てるのは自分に毒を飲ませるのと同じことです。自分に毒を飲ませるのは、まことに自分に不深切《ふしんせつ》なことです。たいていの人は、この自分に不深切なことを平気でやっているのです。だから、私は、「もっと自分に深切になれ」と申《もう》すのです。

## 他《ひと》が悪い時、善《よ》い人が毒を飲むな

「そんなことを言っても、あいつが悪いから腹が立ってしかたがない」と言う人がありますす。あいつが悪いのなら、その悪い者が自分で腹立てて、自分の身体《からだ》の血の中に毒をこしらえていればよいのです。それだのに、悪くない者が腹を立てて、毒を自分の血の中にこしらえるのは間違《まちが》っています。ですから、これから自分が善《よ》いと思ったら、自分の血の中に毒をこしらえないことです。腹を立てないようにすることです。そして自分が悪いと思ったときこそ、うんと自分自身に腹を立てて、自分の血の中に毒をつくってやることです。それを逆《さか》さまに、普通の人は「他人《ひと》が悪い、自分が善《よ》い」と思っているときに腹を立てて、自分の血の中に毒を飲ましているのですから、間違《まちが》っています。これからそんなばかなことはいたしますまい。これから決して腹を立てたりいたしますまい。

## 時間を大切にせよ

他《ひと》に深切《しんせつ》にする心掛《こころがけ》は、たいへん結構《けっこう》なことです。しかし、自分に深切にすることは、また大変善《よ》いことだということを多くの人は忘れています。だから、腹を立てて自分の身体《からだ》に毒を飲ませたり、懶《なま》けて、自分に与えられたせっかくの時間を、何《なに》にも使わないで捨ててしまったり、自分に損《そん》をかけて平気でいたりするのです。人間に何が一番大切だと言っても、自分に深切をつくすことほど大切なことはありません。自分に深切をつくすというのは、自分の生命《いのち》を無駄《むだ》に捨てないことです。お金を道ばたへ無駄に捨てる人はめったにありませんが、自分の生命《いのち》を無駄に捨てる人はたくさんあります。

自分の生命《いのち》を捨てる人はたくさんあると申上《もうしあ》げても、世の中にはそんなに自殺をしている人はないとお思いになるかもしれません。しかしあなたが百歳になるまで生きるとしましても、一時間無駄《むだ》に過《す》ごしたら、あなたの生命《いのち》はもう一時間だけ無駄に捨てたのです。たいていの人は夜になったら何もせずに寝てしまいます。一生の半分は人間は寝てしまうのです。そうすると百歳になるまで生きましても、半分はなにもしないのですから、五十年しか生きないのと同じことです。ところが、その五十年のうちで私達は朝《あさ》昼夜《ひるよる》の御飯時《ごはんどき》に、早い人で三十分ずつ、遅《おそ》い人で一時間ずつぐらいはかかります。それで一日二時間や三時間は無駄になるのです。用を達《た》したり、お風呂《ふろ》へ入ったりしていると、一日のうちの五時間は、そのために無《な》くなります。そうしたら、私達は一日二十四時間のうち、七、八時間しか勉強とか仕事とかはできないのです。言いかえると、一日のうちの四分の一しか自分の生命《いのち》を働かせ、自分の値打《ねうち》を出すことができないのです。にすると一日のうちの四分の三の時間は、無駄に捨てたと同じなのです。皆さん、無駄に捨てた時間は決して還《かえ》って来ません。一日のうちの四分の三の時間を無駄に捨てていたら、百歳まで長生《ながいき》しても七十五年間は無駄に捨てたので、ただ二十五年間しか生きたことになりません。それは百歳まで長生《ながいき》しても、二十五歳で若死《わかじに》したのと同じことです。

私達の生命《せいめい》は「時間」でできているのですから、ぼんやりしている間に、生命《いのち》は減って行《ゆ》きつつあるのです。こんなつまらないことはありません。一分間でもぼんやりしないで、何かこの世のためになることをいたしましょう。会社のためになることをいたしましょう。父《とう》さま母《かあ》さまに喜ばれることをいたしましょう。何か自分の力のつく勉強をしましょう。

## 強情《ごうじょう》は自分に不深切《ふしんせつ》

素直《すなお》に「ハイ」と言えない心を強情と言い、その強情がひどく突《つ》っ張《ぱ》っている人を、強情《ごうじょう》っぱりと言います。

強情っぱりはやさしくないから、誰《たれ》からでも憎《にく》まれたり、嫌《いや》がられたりするものです。自分が人から憎まれたり嫌がられたりするようなことをするのは、自分に対して深《しん》切《せつ》だとは言えません。神様、仏様だって、強情っぱりはかまってくださいません。本当にそれは寂《さび》しいことです。損《そん》なことです。自分をそんな寂しい者にし、損な者にするのは自分に対して深切《しんせつ》だとは言えません。

## 強情《ごうじょう》張《は》るのは自分の損

或《あ》る深切な友人が、強情っぱりの友人に向ってそう言いますと、

「君、そんなに強情張るとみんなに、憎《にく》まれたり、嫌《きら》われたりして損だよ。」

「損だって仕方《しかた》がない。これが持って生れた性分《しょうぶん》なんだから！」

と、強情に突《つ》っぱねて、なかなか御自分の癖《くせ》を直《なお》そうとはせぬ人があります。


強情っぱりは損です。かわいそうです。自分自身にも損です。つまらないとは知っていながら、こんな人は強情張らずにはいられないのですから、本当に気の毒なわけです。

私はなぜ強情っぱりが強情を直せないのか、強情っぱりというものはどんな心の持方《もちかた》

から生れて来るものだか、しらべてみたいと思います。

「ハハア、強情《ごうじょう》っぱりとは、そんなところから出て来る心か、ばからしい。俺《おれ》はもう強情っぱりなんかやめた！」と、こうした人がどんどん出て来てくれたなら、大変に幸《さいわ》いであります。或《あ》る人は素直《すなお》に「ハイ」という気持《きもち》になり、或る人はあくまでも強情を突《つ》っ張《ぱ》るというからには、そこにはっきりした理由がなければなりません。

## 強情《ごうじょう》張《は》りとは我《が》の強い人

いったい、強情っぱりという言葉をもう一つの言葉で言えば、「我《が》」が強い人ということになるのです。この「我《が》」、つまり「我《われ》」とか、「私《わたし》」とか、「俺《おれ》」とかいう、この自分というものが、自分の思うままに、自分勝手《じぶんかって》に自分の力で生きていると思うと、どうしても「俺《おれ》が、俺が」という心が強く働いて、強情《ごうじょう》を張らなければならなくなるのです。そうして、そのあげくのはてに夫婦喧嘩《ふうふげんか》、親子喧嘩、その他、いろんないやらしいことが起って来るのです。

## 人間は自分の勝手《かって》で生れない

だが、この世の中に、自分が思いどおりに、自分の力で勝手に生きているのが、この人間であると考えるのは大変な誤《あやま》りであります。

考えてみましょう。いったい、この世の中に、勝手きままに生れて出たくて飛び出して来た方《かた》が、はたして幾人《いくにん》おりましょうか？　男の方《かた》は、「俺《おれ》は男になって生れて出てやろう」と、そんなことを思って生れて出ましたでしょうか。女の方《かた》はまた女の方で、「私は女になって生れて出て、白粉《おしろい》つけて、赤い着物を着て、それから……」なんて考えて生れて出たでしょうか。おそらくただの一人《ひとり》もそんな方《かた》はないはずであります。

それから、私達の親にしてもそうです。男の子が欲《ほ》しいと思っても女の子ができたり、女の子が欲しいと思っても男の子ができたり、もう子供なんかたくさんだと思ってもまできたり、なんとかして一人欲《ひとりほ》しいと思っても一人もできなかったり、本当にままならないものです。

こうした事実を見ますと、人間が人間をつくるのではなく、人間は人間以外の、何か目に見えない不思議《ふしぎ》な力で造られるのだということは明《あきら》かです。この目に見えない力、人間を造る力を神様、あるいは仏様といいます。

## 吾々《われわれ》の中《なか》には神様の生命《いのち》がある

前《さき》にも申しましたように、私達はこの世の中に勝手《かって》に生れ出ようと思って飛び出して来たのではなく、飛び出させられて来たものです。自分の力で生きているのではない、生かされているのです。神様に生かされているのです。

言いかえると、私達には神様の生命《いのち》が生きているのです。今まで「自分が、自分が」と考えていた自分は、ちっとも生きているのではなくて、神様の生命《いのち》が生きているということになるのです。こう思えば自分というものが自然とありがたくなってきます。どうしなくともありがたくなってくるのです。こうして、自分が本当にありがたいということが解《わか》って来ましたら、他人も全部ありがたくなって来るのです。

今まで考えていたような、自分の力で生れた「自分」が生きているのではない。実は神様のお力が、此処《ここ》に、この身体《からだ》に生きているのだということが解れば、人間というものはみな、神様の子で誰《たれ》でもみんな同じ力で、同じ立派《りっぱ》さで生きていることがわかります。みんな立派な「神の子」であるはずの人間同士が寄っていて、腹を立てたり、憎《にく》み合ったりすることは、どう考えても間違《まちが》っています。ですから腹を立てたり、憎んだりすることは、人間が神様に生かされている「神の子」であるということを、知らなかったためだということが、はっきり解って来たわけです。

仕事だってそうです。仕事をする力は、神様から生み出された力がやるのですから、自分がやるのでなくみな神様がやるのだし、与えられた仕事も神様の仕事ですから、自分がよけい仕事をしたから損《そん》だとか、なまけて得《とく》したとかいう考えは、いっさい間違《まちが》っていたことがわかります。

こういうふうに、今まで考えていた自分というものが、どこにもなくなってしまいますと、強情《ごうじょう》を張ってみたくも張れなくなってしまいます。その上、今までは「俺《おれ》が、俺が」という我《が》の心で蓋《ふた》していた神様のお光が急に輝き出しますから、その人には善《よ》いことがどんどん出て来るようになります。

病気や貧乏《びんぼう》で泣きごとを言っている人は、実はありがたい神様のお力が自分を生かしていてくださるということを知らない人なのです。

## 幸福になるには

よくあることです。「苦しい時の神だのみ」と申しまして、自分が困りきると今までは見向きもしなかった神様に頼みたくなる心が、どこからともなく湧《わ》いて来るものです。しかし、自分は神様に生かされている神の子だということを知らないで、いくら拝《おが》んでみても、あまり御利益《ごりやく》がないものです。それよりか、自分は神様に生かされている神の子だ、神様が自分の中《なか》に生きていてくださるのだ、神様には病気も、一切の悪いことも、苦しいことも、お与えになることはないはずだ、私はそうした立派《りっぱ》な神様に、今こうして生かされているのだと知って、「神様ありがとうございます！」と喜ぶのです。

こうして、自分の中《なか》に生きていてくださる神様を拝《おが》むのです。拝んで、拝んで、拝みきるのです。「神様に生かされているのだ。ありがたい！」と、自分の中《なか》に生きていてくださる神様に、朝から晩まで御礼《おれい》を言う気持《きもち》になるのです。

こうした生き方を続けてゆきますと、自然に神様のような善《よ》い生活ができてくるのです。言いかえればとてもうれしい、楽しい、その日その日が始まって来るのです。

自分の中《なか》の神様を拝む心になり、また人の中《なか》にも神様がいられるのだと拝む心になりますと、自然に強情《ごうじょう》っぱりが除《と》れてゆきます。そうなれば、神様はいつでも私達を救《たす》け通《どお》しで、いつも嬉《うれ》しい、善《よ》いことばかりができて来るのです。

# 第九章　他人《たにん》の生かし方

## 人に深切《しんせつ》にする味《あじ》わい

人と人とは肉体《にくたい》を見ておりますと、彼と我《われ》、我と彼とは相《あい》分れているように見えますが、本当はただひとつの神の生命《いのち》が、そういう具合《ぐあい》に分れて出たように見えているだけであって、決してこの別々の存在《そんざい》ではないのであります。この真理《こと》を知るのを、自他一体《じたいったい》とか事々無礙《じじむげ》とか申《もう》します。まことに人に深切をしてあげ、人が幸福になるとこちらも嬉《うれ》しい。この私達が人に深切をした時の嬉しさ、というものを振返《ふりかえ》って味《あじ》わってみますと、長く別れておったところの親子が再び出会ったような、兄弟または夫婦がひさしぶりで出会ったような何とも言えない喜ばしい感じなのであります。これは人間は本《もと》来《から》、ひとつの神様の生命《いのち》の水が吾々《われわれ》に流れ入《い》って人間となっているので、同じ生命《いのち》の別れであり、兄弟であり、親子であり、本来他人《たにん》というものは一人《ひとり》もない。それが別れたように見えていたものが一つに合《がっ》する――その喜びを感ずるのであります。

分れていた半分同士が一つになる――そこに深切《しんせつ》をすれば嬉《うれ》しいという根本原理《こんぽんげんり》があるのであります。

## 悪いところへ自然に手が行《ゆ》く

神想観《しんそうかん》を一ヵ月も或《あ》るいはそれ以上も続いて稽古《けいこ》なさった人が病人を揉《も》んであげたりすると、自然にその手が相手の病気のところ、凝《こ》りのところに触《ふ》れて行って、その凝りを解《ほ》ぐしてあげるように手が自然に動いて来て、柔《やわら》かく揉《も》んだり強く捻《ひね》ったり或《あ》るいは急《つ》所《ぼ》を押えたりすることがあります。神想観をした後《あと》で、「お母様の肩を揉《も》んであげたい、どうぞお母様の肩の凝《こ》りの治《なお》るように自然に手を動かして揉ましてください」と念じてやると、たいていの皆さまでもそれができるでありましょう。そういうふうな事がどうして起るかというと、人間の生命《いのち》は自他一体《じたいったい》――即《すなわ》ち、どの人間も神の生命《いのち》に生かされていて元《もと》は一つという根本原理《こんぽんげんり》からくるのであります。人と吾《われ》とが別のものでありましたならば、決してこちらの手が、見えもしない向《むこ》う様《さま》の悪いところへ自然にゆくなどということはあり得《え》ようがないのです。眼《め》で見てここが悪いのであるとか、聴診器《ちょうしんき》を当てて見てここが悪いのだと指さすことなら誰《たれ》にもできるのでありますが、そんな道具も何も使わないで、ただ神想観《しんそうかん》をして自他一体《じたいったい》の観念《かんねん》を深めてから、人に手を触《ふ》れて、「この人の病気を治《なお》して上《あ》げたいナ」という気持《きもち》を起しますと、自然とその病患部《びょうきのところ》に掌《てのひら》が吸いつけられるようにゆくのでありますが、これは皆さんが神想観をよく稽古《けいこ》してからおやりになれば判《わか》りますが、霊気療法《れいきりょうほう》（編註・大正時代、臼井甕男によって開発された療法）とか、生気術《せいきじゅつ》（編註・大正時代、石井常造によって始められた療法）とか、指圧療法《しあつりょうほう》とかをお習いになった人にもできる人があります。その時に掌《てのひら》が病気のところへ吸寄《すいよ》せられるような感じのする人もありますが、何の感じもなしに自然と何となしにそこへ手をやりたいという気持《きもち》で、掌《てのひら》がその病患部《びょうきのところ》へゆく人もあります。いずれにせよ、これは要《よう》するに相手と自分とが本来一つのものであるから、眼《め》で見ず機械《きかい》で測《はか》らずして悪いところが判《わか》るのであります。この現象《できごと》をもっと人間の身体《からだ》と身体《からだ》との接触《ふれあい》以上に広く考えて行《ゆ》きますと、機械《きかい》の取扱《とりあつか》い方《かた》や、鉱山《こうざん》の採掘《さいくつ》や、経済界《けいざいかい》の問題などにも、ここをこうやればよくなるということが判《わか》るようになるのであります。もう少し放《ほう》って置けば大故障《だいこしょう》の起《おこ》るというときに、何となくそこへ行《ゆ》きたくなってその故障を未然《みぜん》に防いだり、何となく前の晩に読みたくなったものが明《あく》る日の試験《しけん》に出ているなどはそれであります。「この人を治《なお》してあげたいナ」と思って、そこへ手がゆくという事を経済界《けいざいかい》でいいますと、「私の処《ところ》で金が要《い》る」という事になっていると、そこに自然に金のある人が、「お金を出してやろう」という気持《きもち》になって自分のところへ振向《ふりむ》いてきてくれるのも同じであります。自然に故障のあるところに救いの手がいって治そう治そうとしているのが「神」の働き、「全体の生命《せいめい》」の働きであります。この「全体の生命《せいめい》」のお助けを受けることができないのは、それは自分が「全体の生命《せいめい》」から離れている――言い換《か》えると自他一体《じたいったい》の観念《かんねん》が欠乏《けつぼう》していて、自分と他《ひと》とは別物だとはっきりと自分と全体とを区別し過《す》ぎて、我《わ》れと我《わ》が心で仕切《しきり》を拵《こしら》えているからであります。言い換《か》えるとその人が利己主義《りこしゅぎ》なのです。世の中が都合《つごう》よくゆかないという人は、たいていこういう自分と他《ひと》とを区別し過《す》ぎた利己主義《りこしゅぎ》の人であります。自分の心の中に、彼と我《われ》とは他人《たにん》であって、眼《め》で見える通り物質的肉体《ぶっしつてきにくたい》によって分れておる。人間というものはこれだけの一メートル数十センチの丈《たけ》と数十キログラムの重量《じゅうりょう》の肉塊《にくかい》であるに過《す》ぎない――こう考えて「彼」と「我《われ》」とはすっかり物質的に別々で何等《なんら》の連絡もないものだという心で仕切《しきり》をつけると、こちらの心で仕切をつけていますから、こちらの必要なときに向《むこ》うからも誰《たれ》も助けてくれないのであります。そして私は「運《うん》が悪い」と、ぶつぶつ言うのでありますす。「全体の生命《いのち》」の助けが、我々《われわれ》を助けるために誰《たれ》かを寄越《よこ》そうとしても、自分の心が邪魔《じゃま》をしていてそうさせないのです。ちょうど、太陽の光は煌々《こうこう》と照り輝いていても、私達が目をつぶっていれば、光は眼《め》にはいらないとおなじように、自他一体《じたいったい》――全体の生命《いのち》は一体――の事実があっても、それを目をつぶって人間は別々なものだという観念《かんねん》を持っていると、自分の欠乏《けつぼう》しているものを他《た》から自然に補《おぎな》っていただく作用《はたらき》が出てこないのであります。

ところが神想像《しんそうかん》を実修《じっしゅう》し、『生命《せいめい》の實相《じっそう》』を十分お読みになりまして、「自分」と

「他《た》」とが一体《いったい》であり、「全体の生命《いのち》」によって繋《つな》がっているという事が分ってまいりますと、病気の患部《わるいところ》へ自然に手がゆくように、経済界《けいざいかい》においても足《た》りないところへ自然と他《た》の手が届いて助けていただけるようになるのであります。

## ケチをつける心は卑怯《ひきょう》な心

ところがこの自他一体《じたいったい》の観念《かんねん》の少ない人は利己主義《りこしゅぎ》になるのでありますが、利己主義になってまいりますと、自分が偉《えら》くなるためには人を貶《けな》さなければ偉くなれないという気持《きもち》がしてくるのであります。自分が八十点ならば他《ひと》を七十点にし、六十点にしなければ自分が偉く感じられない事になって人を嫉妬《しっと》するようになります。金持《かねもち》を見れば癪《しゃく》に触《さわ》るし、自分より点数の多い学生は憎《にく》らしいし、自分より収入の多い社員には腹が立つ。そういう嫉妬を起す心になると、自分の心が苦しい上に自分が立身出世《りっしんしゅっせ》できないのです。他《ひと》が八十点なら自分は九十点になろうと努力する人なら偉くなるけれども、そんな気持でなしに相手の点数にケチをつけてやろうと思って悪口《わるくち》を言うようになったら、人間はもう駄目《だめ》であります。生長《せいちょう》の家《いえ》が他《た》の宗教《しゅうきょう》から一時《いちじ》悪口《わるくち》を言われたのも、やはりこれは、生長の家があまりよいために他の宗教から嫉妬《しっと》されたのであります。伊《い》藤証信《とうしょうしん》さん(編註・明治九年生まれ。仏教者として「無我苑」を開設)なども言っておられましたが、他の宗教が生長《せいちょう》の家《いえ》に反対したりするのは、生長の家というものが本当に邪《わるい》教《おしえ》であって、なんの力もないものなら反対しないのであります。本当に邪教《わるいおしえ》なら放《ほう》っておいても、値打《ねうち》のない事が誰《たれ》にも自然に分るから反対しないでも潰《つぶ》れてしまうのですから、反対する必要がない。ところが生長の家の教《おしえ》は釈迦《しゃか》の教《おしえ》と同じものである。またキリストの教《おしえ》と同じ真理《しんり》を説《と》いている。同じものであるがもう一つ生《い》き生《い》きとして説いているから、このように力のあるものが現《あらわ》れたら、もしかしたら自分の方《ほう》が負ける事になるかも知れぬ、そういう恐怖心《きょうふしん》から予防《よぼう》のために悪口《わるくち》をおっしゃるのであります。

或《あ》る誌友《しゆう》の集会にお坊様《ぼうさま》が出席して、「生長の家は邪教《わるいおしえ》であるから止《や》めなさい」といろいろ悪口《わるくち》をおっしゃいましたところ、誌友はじっとそれを聞いていましたが、そのうちの一人が立って「ただ今大変生長《せいちょう》の家《いえ》の悪口《わるくち》をおっしゃいましたが、生長の家では仏教《ぶっきょう》に対してもキリスト教に対しても少しも悪口《わるくち》を言うのを聞いたことはありません。ただ生長の家はみんなを讃《ほ》めているばかりですから邪教《わるいおしえ》だとは思えません」と言いましたので、そのお坊《ぼう》さんは赤面《せきめん》したということであります。自分を偉《えら》く見せるためには人を貶《けな》さなければ偉く見えないというようなことでは実《じつ》にあさましいことであって、争いはそこから起って来るのであります。生長の家の生き方では決して何ものをも貶《けな》さない、どなたの悪口《わるくち》も言わないという事が生長の家の生き方になっているのであります。それどころか誰《たれ》に対してもその美点《びてん》を見つけ出して賞《ほ》めるのであります。

## 人の魂《たましい》を傷つけるな

人の魂の傷口《きずぐち》にナイフを刺込《さしこ》むような、そういうふうな皮肉《ひにく》を浴びせるわるい習慣《しゅうかん》のある人が往々《おうおう》ありますが、こういう心の人は出世《しゅっせ》できないのであります。こんな人は織田信長《おだのぶなが》(編註・戦国時代の大名。明智光秀の謀反で死去)のように明智光秀《あけちみつひで》(編註・主君織田信長を裏切り本能寺の変を起こすが、羽柴秀吉に討たれた)のようにどちらも滅びてしまわなければならないのです。何か人が良い噂《よ うわさ》をすると、「しかしあの人はこうですよ」と何かケチをつける人がありますが、まことにあさましいことであります。そういうふうな人は自分で自分の性質《せいしつ》に気がつかないかも知れませんけれども、そういう人は往々《おうおう》にして切開手術《せっかいしゅじゅつ》を要《よう》するような病気にかかる事があります。それは「類《るい》は類《とも》を招《よ》ぶ」という心の法則《ほうそく》によりまして、人の奥底を切り開いてそうして汚《きたな》いものを掘出《ほりだ》したいという気持《きもち》がある。その心は類《るい》は類《とも》を招《よ》んで自分の身体《からだ》に具象化《かたちにあらわ》れるのです。これを生長《せいちょう》の家《いえ》では「肉体《にくたい》は心の影《かげ》」と申しております。

よほど良《よ》い人格《じんかく》をもった人で、自分よりも弱い人には深切《しんせつ》にする人でも、それでいて自分と同等《どうとう》の人や、自分よりも少し偉《えら》いかも知れぬと思われる人には、すぐそれを貶《けな》したくなったり悪口《わるくち》言いたくなったりする人があります。こういう人は強いようで、その実《じつ》まだ弱いところがあるのです。そんなに強い者に反抗《はんこう》する気持《きもち》にならないで、弱い人に深切《しんせつ》にすると同時に強い人にも、自分より上の人にも、深切にならなければ、吾々《われわれ》はまだ平等《びょうどう》の高さまで偉《えら》くなっていないのであります。弱い人にも深切、強い人にも深切の平等の高さに達するのが生長《せいちょう》の家《いえ》の生き方であります。強きを挫《くじ》き弱《よわ》きを助ける侠客肌《きょうかくはだ》（編註・任侠を旨とする渡世人風の人物）というような人は、ちょっと偉《えら》そうに見えますけれども、その人が強い者に反抗《はんこう》せずにいられないのは「負ける」という不安があるからで、まだ全《まった》く強くなっていない証拠《しょうこ》であります。

## 弱きを助け、強きにも深切《しんせつ》

私達は弱きをも助けるが、強きをも挫《くじ》く事は要《い》らないのであります。弱きにも深切にし強きにも深切にし、どちらも褒《ほ》めてみんなを生かし、みんなを味方にしてゆくという事によってのみ私達は本当に生長《せいちょう》することができるのであります。

人間をよく見ていますと判《わか》ります。たいてい発達《はったつ》しない人、立身《りっしん》出世《しゅっせ》しない人は、よほど頭も鋭《するど》い人で、こんな人がどうして出世《しゅっせ》しないのだろうと思ってよく見ると、強きを挫《くじ》くという性質《せいしつ》があるのであります。これが私達の成功を妨《さまた》げる事が非常に多いのであります。自分より上役《うわやく》に丁寧《ていねい》にすることをお追従《ついしょう》(編註・相手にこびへつらうこと)をするように思い、自分より偉《えら》い人に深切《しんせつ》にする事をおべっかを使う事だというように、自分考《じぶんかんが》えで誤解《ごかい》している人が出世《しゅっせ》しない人に多いのであります。純《じゅん》な気持《きもち》で、偉い人を偉い人として尊敬《そんけい》する事は、素直《すなお》な動機《どうき》であって、それは尊敬すべき美点《びてん》でありま す。それなのに、それを何かおべっかを使う事だと考えて、そうしてその素直な人の悪《わる》口《くち》を言ってみたり、邪魔《じゃま》をしてみたりしておりますと、その人はどうしても自分自身の運命《うんめい》を自分の言葉で阻《はば》まれて発達《はったつ》しない、幸福に見舞《みま》われないという事になります。なぜかと言うと、それはやはり「類《るい》は類を招《よ》ぶ」という心の法則《ほうそく》によるのであります。そういう人は弱き人ばかりに深切《しんせつ》にしているから弱い者ばかりが自分の味方である。本当に自分の助けになるような強い人は自分の味方になってくれないという事になるのであります。それでは出世《しゅっせ》のしようがありません。

本当に自分が発達《はったつ》しようと思うには弱い人にも深切にしなければならないのです。私達は上役《うわやく》にも、点数の多い人にも、月給《げっきゅう》の多い人にも、強い人にも深切《しんせつ》にするとともに、弱い人にも深切《しんせつ》丁寧《ていねい》にしなければなりません。むろん卑劣《ひれつ》な根性《こんじょう》で、阿諛追従《おべっかついしょう》をするのではありません。けれども他《ひと》の偉《えら》いところを正直《しょうじき》に認める事ができるのは、それだけでも非常に偉大な心なのです。

むろん大きな光の中にも或《ある》いは陰《かげ》があるかもしれません。太陽にだって黒点《こくてん》(編註・太陽の表面の黒い点のように見える部分。周囲より温度が低いために黒く見える)があるのですが、太陽の黒点ばかりを睨《にら》んでおって、太陽だって黒いじゃないかと悪口《あっこう》を言っておってもしかたがないのです。光明思想《こうみょうしそう》というのはその太陽の明るい方《ほう》ばかりを見て、「太陽は明るい、ありがとうございます」とお礼を言い、感謝《かんしゃ》する心であります。

こういう心の人はきっと成功いたします。如何《いか》にその人に黒点があっても、大きな光は大きな光として尊敬《そんけい》する、それが自分自身を大きくするゆえんであります。級長《きゅうちょう》(編註・学級委員のこと)や、金持《かねもち》や、目上《めうえ》の者や、ともかく自分よりも大《おお》いなるものの悪口《あっこう》をいう心の中にはきっと、嫉妬羨望《ねたみうらやみ》などという悪い心持《こころもち》、不徳《ふとく》な気持《きもち》が隠れているのでありまして、それは卑怯《ひきょう》なやり方であります。偉《えら》いものを偉い者として朗《ほが》らかに褒《ほ》め得《う》る、それはまた非常に偉大《いだい》な人間でなければできない。それができれば、それだけでも偉いのであります。なんでも素直《すなお》に白いものは白いと言い得《う》るように、偉い者は偉いと賞《ほ》め得《う》る者でないと出世《しゅっせ》できません。

## 出世するには人を妬《ねた》むな

出世しようと思う者は嫉妬心《しっとしん》を起してはなりません。私達が偉い人に深切《しんせつ》にした場合、「あいつは目上《めうえ》に阿諛追従《おべっかついしょう》をしている、けしからん」と思う心持《こころもち》を起す人には、実はその人自身に阿諛追従《おべっかついしょう》する気持《きもち》があるので人のすることがそう見えるのです。自分にある阿諛《おべっか》の心を無理《むり》に抑《おさ》えているので、その経験《けいけん》が心にあるから人が偉い人に深切にしていると「あいつは阿諛追従《おべっかついしょう》しているのだ」と想像《そうぞう》できるのであります。環境《かんきょう》は心の影《かげ》です。他《ひと》が悪いと見える場合には自分が悪いのです。人があいつ泥棒《どろぼう》するかも知れぬと思うならば、その人は自分に泥棒する根性《こんじょう》があって、それを心のうちに経験《けいけん》したことがあるからであります。ここにひとりの赤ん坊が他《ひと》のものを盗《と》って来て、そうして自分のものとして舐《な》めているとしても、これは子供同士で見ると、あの赤ん坊は泥棒《どろぼう》をしたとは思わないのであります。子供はむしろ自他一体《じたいったい》の観念《かんねん》が強いために自分のものは他《ひと》のもの、他《ひと》のものは自分のものだと思っている。ところが自分と他《ひと》との区別のハッキリした大人《おとな》になると「あいつ泥棒《どろぼう》した」という事になります。大人になると色々の経《けい》験《けん》から「盗《ぬす》み」という想《おも》いが心のどこかに教えられてあるので、その思いに照らして「泥棒した」と判《わか》るのであります。人間は自分の心にないことは判《わか》らない。他《ひと》を阿諛使《おべっかつか》いだと思うのは、自分に阿諛使《おべっかつか》いの心があるのであります。そういうふうな心持《こころもち》が自分にあるものですから、素直《すなお》に偉《えら》い人や目上《めうえ》の人を尊敬《そんけい》する人を阿諛使《おべっかつか》いだと邪推《じゃすい》する事になるのであります。

## 素直《すなお》が一等大《だい》なる美徳《びとく》

私達は素直になる事が一番必要であります。生長《せいちょう》の家《いえ》の生き方は素直な生き方であります。偉《えら》いものは偉いとして、偉くないものは偉くないとして、光は光として、影《かげ》は影として正直《しょうじき》に一切のものをそのまま受容《うけい》れる心持《こころもち》には、ちっとも無理《むり》がありません。無理があるのはどこかに本当でないところがあるのです。耳が聞えないとか、目が見えないとか、或《ある》いは鼻がよく利《き》かぬとか、蓄膿症《ちくのうしょう》とかいうような人の中には、素直《すなお》な気《き》持《もち》が乏《とぼ》しい人が多いのであります。素直な気持が乏しい場合、すなわち総《すべ》てのものをそのまま受入《うけい》れる心がない場合には、心の目を閉《と》じ、心の鼻を抑《おさ》え、心の耳を塞《ふさ》いでいるのでありますから、それが肉体《にくたい》にあらわれますと、目が疎《うと》くなったり、耳が聞えなくなったり、鼻が利かなくなったりするのであります。蓄膿症や、乱視《らんし》や、中耳炎《ちゅうじえん》などはこれから起ることがあります。それですから、健康《けんこう》のためにも成功のためにも何でも素直な心、ハイハイというような心持《こころもち》、一切のものをそのままありがたく受容《うけい》れるという心持になることこそ非常に大切であります。

すべてを素直《すなお》に受容《うけい》れる心は神の心であります。神というものは善《ぜん》にもあれ、悪にもあれ、太陽の照るがごとく一様《いちよう》に光を与えてくださる、これが本当に神であります。この大包容《だいほうよう》の心持《こころもち》になった時、病気の治《なお》る事はもちろんですが、総《すべ》ての事業《じぎょう》にも成功するのであります。これが生長《せいちょう》の家《いえ》の生き方であります。小さい心は小さいおかげしか受けることができません。太陽に黒点《こくてん》があっても黒点なんかに目もくれないで、太陽の光の良《よ》いところばかり讃歎《さんたん》して吸収《きゅうしゅう》する、そうすると私達は生《い》き生《い》きと自分自身がその太陽に育てられて伸《の》びてくるのであります。私達は科学者《かがくしゃ》が太陽の黒点《こくてん》を研究《けんきゅう》している間に黒点なんかを忘れてしまい、「ああ私の暖い太陽よ！　光の太陽よ！」と喜ばねばなりません。そういう人は必ず発達《はったつ》し成功するのであります。

## 花びらの降るような賞《ほ》め言葉

人の悪口《あっこう》を言う暇《ひま》があれば、良《よ》き言葉を発すると、自分自身がその良き言葉の力によって育てられるのであります。善《よ》き言葉は空から花びらが降るような、音楽が聞えてくるような美しい感じがしますが、悪《あ》しき言葉は雷《かみなり》のように吾々《われわれ》の心を暗黒《まっくら》にするのであります。空から花びらが降るように讃歎語《ほめたたえることば》をもって雨降《あめふ》らすのが生長《せいちょう》の家《いえ》の生き方であります。この世の中を住みよくするのも住み難《にく》くするのも、皆さん自身の言葉一つできまります。必ずしも金があるから、それで人間は幸福《しあわせ》だというものではない。金が幾《いく》らあっても、その家の中が針の筵《むしろ》のように苦しい世界であって、奥様がヒステリーになったり、子供が疳虫《かんむし》(編註・かんしゃくを起こしたりひどく泣いたりすること)になったりしていてはなんにもなりません。

それで皆さんは今日《きょう》から、空から花びらが降るように、いつも善《よ》き言葉を雨降らそうではありませんか。皆さんの口から常に花びらのような良《よ》い言葉が出るようになったら、どんな狭《せま》い裏長屋《うらながや》におりましても、そこがこの世の極楽《ごくらく》となり天国となるのでありま す。たいてい会社や、工場商店などの勤《つと》め先《さき》で面白《おもしろ》くないと言う人は、やはり家庭がどうも面白くない。家庭が面白くないのでそれで勤め先へ行ってもやはり能率《のうりつ》がはっきり上《あが》らないで、そのために勤め先で又《また》ぶつぶつぶつやっている。その結果、昇給《しょうきゅう》もしないという事になります。事業《じぎょう》の発達《はったつ》しないのも、元《もと》はと言うと、皆家庭《みなかてい》が悪いのでありま す。家庭の中で讃《ほ》め合わず、暗い心持《こころもち》で、責《せ》め合っている時には、事業《じぎょう》は失敗し、工場や鉱山《こうざん》では故障《こしょう》が起り、子供の健康《けんこう》も成績《せいせき》も悪くなります。何事《なにごと》も家が元《もと》になるのでありまして、生長《せいちょう》の家《いえ》へ来れば病気が治《なお》るという事も、要《よう》するに人間の身体《からだ》の病気を治すのではなく、心の持方《もちかた》を変えさせて家の病気を治すのであります。家の病気と言っても家に何かあるのではない、それは家の家族の互いの調和《ちょうわ》という事ができていないことです。家族と家族とが調和していなければ、喧嘩《けんか》しながら互いに争って熱心に『生命《せいめい》の實相《じっそう》』を読んでも、病気が治らないことがあり、成績がよくならない場合が多いのです。だから何よりも先ず家族同士仲《なか》よくして互いに褒《ほ》め合う生活をして『生命《せいめい》の實相《じっそう》』を読む事であります。褒《ほ》める言葉ぐらい結構《けっこう》な事はないのであります。ところがなかなか家族同士が褒《ほ》め合えないものであります。というのは、それは現象《あらわれ》に執《とら》われて、目前《めのまえ》の姿に執《とら》われて、人間の実相《ほんとのすがた》を見失ってしまい、人間が神の子である、ここが現実《このよ》の浄土《じょうど》であるということを忘れてしまって、ちょっと何か外に現《あらわ》れた失敗があると、それに執《とら》われてしまって、一分間あった失敗を一時間ぐらい呶《ど》鳴《な》りつける。その上、そのことをいつまでも心に持続《もちつづ》けるというような事をしているような人たちの集っている家《か》庭《てい》は、いつも面白《おもしろ》くないのであります。そして「自家《うち》の親爺《おやじ》は一日中叱言《こごと》ばかり言ってる」と言う奥さんもありますけれども、必ずしもそうではないので、本当はその御主人が偶《たま》に十分間ぐらい呶《ど》鳴《な》った事を、一日中叱言《こごと》言うと誇張《こちょう》して奥さんが考えている場合が多いのです。それは、心の中にその叱言《こごと》を常に持続《もちつづ》けているから、十分間位《ぐらい》ちょっと叱言《こごと》を言った事が一日中言った様《よう》に思えるのです。どんな悪い主人でも、どんな疳《かん》癪《しゃく》持《もち》のお父さんでも、一日中叱言《こごと》を言う主人はないのであります。ときたま叱言《こごと》がある場合でも、それは一日のうちの何分《なんぶん》の一《いち》に過《す》ぎない叱言《こごと》であります。ところが「自家《うち》のおやじは一日中叱言《こごと》言う」とか「一年中叱言《こごと》を言っている」とか考えているのは、そう考える奥様や子供の心の中に「叱言《こごと》」がいつまでも忘れられずに貯《たくわ》えられているからです。そういう場合にはどうもその家庭は面白《おもしろ》くないから、良人《おっと》の方《ほう》でもあんな家内《かない》に話しかけても面白くないと思って奥様の部屋《へや》には行《ゆ》かないで、夫婦一つ屋根の下で同棲《どうせい》していながら、黙って十日《とおか》も二十日《はつか》も物も言わずに暮しているような状態《じょうたい》になる事もあります。そんな状態はなぜ起るかと申《もう》しますと、それは「悪いこと」をいつまでも心に持っているからであります。「悪い事」をするのは悪いには相違《そうい》ありませんが、「悪いこと」を心に持っているのは尚《なお》いけないのです。なぜなら悪いことを実行するだけなら、やってしまったあとはもう無《な》いのですけれども、心の中に持っている時は、その悪いことを何時《いつ》までも何時《いつ》までも持っているからであります。悪い事はなんでも忘れる事が、生長《せいちょう》の家《いえ》の生き方でありまして、たまには腹が立ってもよろしい。しかし五分間もしたらその腹立《はらだ》ちが、心の中ですっかり帳消《ちょうけ》しになって忘れてしまうようでないといけません。それを生長《せいちょう》の家《いえ》では自壊作用《じかいさよう》と申《もう》しまして、業《ごう》が解消《かいしょう》する作用《さよう》の一つとして叱言《こごと》が出たり夫婦喧嘩《ふうふげんか》をしたり、時には攫《つか》み合《あい》をするという事がありましても、それは決して悪い事ではないのでありまして、過去に溜《たま》っておった自分の念《おもい》――その念《おもい》の鬱積《うっせき》というものが形になったのであって、形に現《あらわ》れた時、内部の心のもつれは消える時なのであります。たまたま主人ががんがんと言っても、「これはありがたい、これで二人の間の蟠《わだかまり》が今夕立《ゆうだち》のようにあらわれて明日《あす》は晴れるのだ、これで二人の仲《なか》が晴天《せいてん》になるのだ」と思うと本当に晴天《せいてん》になって、よけい仲《なか》が良《よ》くなる事になります。会社、工場で上役《うわやく》や同僚《なかま》の者とイザコザが起るのも同じこと、業《ごう》が消えてなお一層よくなる。「これはありがたい！」と感謝《かんしゃ》の心で受ければ、その後《のち》は一層よくなるのです。そういうふうに致《いた》しますと、私達の生活が本当に生長の家の生活となり、栄える家の生活になるのであります。

## 善《よ》い言葉は人生の宝

善き言葉は人生の宝であります。何がなくとも「深切《しんせつ》」は言葉でできるのです。貧乏《びんぼう》では深切ができない、金がなければ深切ができないというようなものではないのであって、私達は深切の第一歩を言葉によって実行する事ができるのであります。人に深切な言葉をかけてあげる、人が意気銷沈《いきしょうちん》している時にそれを鼓舞《こぶ》して高め上げるような言葉を出す、これが深切であります。人が誰《たれ》も同情してくれない、淋《さび》しくなって人生を呪《のろ》うような心の起った時に、本当に深切な表情《ひょうじょう》をして、深切な微笑《びしょう》を投げかける、これが深切の実行であります。誰《たれ》だって微笑はできるのでありまして、その深切な微笑がどれだけ相手を生かす事になるか分らないのであります。私達は、なんにも持っていないから深切ができないと言うのはあまり物質的《ぶっしつてき》な考えに執《とら》われているのであります。本当に深切にしようと思えば、どんな場合でもできないという事はないのであります。常に優《やさ》しい心持《こころもち》をもち、愛に満ちた霑《うるお》いのある心を持ち、人に接する時、拝《おが》み合い感謝《かんしゃ》し合い、相手を尊敬《そんけい》して、その自信を失わしめない。これが深切《しんせつ》の中の一番深切になるのであります。どんなに金をやっても或《あ》るいは物をやっても、本当にその人を尊《とうと》ばなければ深切にはならないという事になります。「貴様《きさま》みたいな仕方《しかた》のない奴《やつ》はこいつ、やるから持って帰れ」と乱暴《らんぼう》な言葉を出して千円札を放《ほう》り出したところが、それは深切にはならないで却《かえ》って恨《うら》まれるかもしれません。物を与えても相手を怒らせるのは、それは深切にはならないのです。物をやらなくとも相手を生かして喜ばすようにすれば、それが本当に深切をした事になるのであります。人というものは、物を貰《もら》う癖《くせ》がつきますと、相手に依頼心《たよりごころ》が生じて来《き》、却《かえ》ってその人が堕落《だらく》することもあります。すなわち深切が却《かえ》って仇《あだ》を成《な》すとはこの事であります。あの勤勉家《きんべんか》の蜜蜂《みつばち》も、インドに持ってゆけば、そこは花が常に咲いているからよく蜜《みつ》が取れるだろうと思って蜜蜂を連れて行ったら、蜜蜂はインドはいつも花があるから蜜を貯《たくわ》えて置く必要はないと思って働かなくなり、いっこう蜜がとれなくなったという事を本で読んだ事があります。ですからあまり物があり過《す》ぎると、人は働かなくなり、立身出世《りっしんしゅっせ》する必要もなくなって依頼心《いらいしん》ばかり増長《ぞうちょう》する恐れがあります。だから物を与える事は賢《かしこ》い智慧《ちえ》をもって適当な与え方をしなければならないのであります。生長《せいちょう》の家《いえ》では「出せば出すほど殖《ふ》える」という諺《ことわざ》がありますが、それでも所わきまえず相手わきまえず、金を無暗《むやみ》に出すようなことではいけません。出すという事は、物を出しただけではいけないのです。もっと智慧《ちえ》を出さなければならないのです。生命《せいめい》を出さなければならないのです。物ばかり出すのが殖《ふ》えるのであれば、家の財産《ざいさん》を全部浪費《ろうひ》して懶《なま》けていれば財産は殖えるということになるはずですが、決して殖えないのであります。物ばかり出すのが、「出せば出すほど殖える」というのではありません。本当に出して殖《ふ》えるのは自分の中にあるところの智慧《ちえ》も出し、愛の力も出し、生命の働く力を出して、みんなを生かす事にして出せば、出すほど殖える。ところが智慧を出《だ》し惜《お》しみして、生命《いのち》を出し惜《お》しみしていながら、「私は物を出したが殖えない」と言って小言《こごと》を言ってもそれは殖えないはずであります。「物質《ぶっしつ》」は本来ないものです。「無《な》いもの」を出しても殖えないのが当り前です。有《あ》るものを出したら殖えるのです。では、「本当にあるもの」とは何であるか、それは物質《ぶっしつ》ではない。私達の「生命《いのち》」「智慧《ちえ》」「愛」「誠《まこと》」……これが本当にあるものです。その本当にあるところの「生命《いのち》」「智慧」「愛」「誠」……を出したとき「出せば出すほど殖《ふ》える」事になります。金を出すにしても、物を出すにしても、それに「生命《いのち》」をつけて出し、「智慧」をつけて出すところに、初めてそれがぐんぐん殖えてくるのです。日本を再建するには力の出し方、物の出し方、節約《せつやく》の仕方《しかた》には是非《ぜひ》とも智慧も出し、愛も出し、生命《いのち》も出し、力も出す、そうすれば出せば出すほど無限に物が殖えてくる、せまい日本でも、資《も》源《の》が足りないなどの心配はないのであります。今自分の手許《てもと》にあっても要《い》らぬものを蔵《しま》って置くのは、その物の生命《いのち》を生かさない事になりますから、そういう品物は、紙屑《かみくず》でも何でも出して循環《じゅんかん》させる……そうすると出せば出すほど殖《ふ》えます。紙屑でも糸屑《いとくず》でも布切《ぬのき》れでも何一つ捨てないで、それを有用《ゆうよう》の方面に出す――こういうふうに、智慧《ちえ》と愛と生命《いのち》とを出すようにすれば、到《いた》る処《ところ》に宝が満ちている。この世界は無限供給《むげんにものがあたえられる》の世界であります。

# 第十章　働きの生かし方

## 心は常に働く

心は働くようにできています。心は自分が生きているからには働くほかに道はないのです。身体《からだ》はじっとしていても心は働いています。心を休ませる方法はないのです。寝ている時にも心は働いています。ただその時には身体《からだ》や頭を使わないでいて、心だけで働きますから、頭にはその働きは憶《おぼ》えていませんが、やはり心は働いているのです。その証拠《しょうこ》に皆さんは眠っている間にも夢を見るでしょう。身体《からだ》はじっと寝ているのに運動会の夢も見るでしょう、遠足の夢も見るでしょう。勉強の夢も見るでしょう。しかしそれは「心」だけで働いたので、「頭」の方《ほう》は働かなかったからハッキリとは思いだすことができないのであります。

このように「心」は眠っている間も働いているのです。すべての生きている物は少しも休みなしに働いているのです。一分間でも働きが止《とま》ったら死んだということになるのです。どんなに懶《なま》けていてもお腹《なか》が減るのは、身体《からだ》が懶《なま》けていても心がつまらない事に働いている証拠《しょうこ》です。だから懶《なま》けている人は同じように働いていながらも、自分はちょっとも進歩しないし、他《ひと》からは「あいつは懶《なま》けている」と憎《にく》まれるだけが損《そん》なのです。同じお腹が減るくらいなら、同じ自分が働くくらいなら、「あいつは懶《なま》けている」と言って人から憎まれるようなことをしないで、自分自身が進歩しながら、人から賞《ほ》められるような働きようをした方《ほう》がよいではありませんか。

それには仕事をすることです。それには勉強をすることです。仕事をし、勉強をしたら、人が喜んでくれます。自分が進歩します。身体《からだ》が達者《たっしゃ》になります。立身出世《りっしんしゅっせ》ができるのです。

## 心の使い方一つで

同じ働きをしながらでも、「心」ひとつの使いようで病気にもなれば達者にもなり、零落《おちぶ》れもすれば立身出世《りっしんしゅっせ》もするのです。「生長の家《せいちょうのいえ》」の本を読んだら病気が治《なお》るというのも、本の紙や活字《かつじ》のインキが病気を治すのではありません。心の持ち方を更《か》えさせて懶《なま》ける心から働く心に更《か》えさせるから病気が治るのです。懶《なま》ける心から勉強する心に更《か》えさせるから成績《せいせき》が良《よ》くなるのです。心を更《か》えさせるのが、生長の家の本の文章《ぶんしょう》の力です。皆さんがこのような真理《しんり》の本を読んでいたら、自然に懶《なま》けているのが馬鹿《ばか》らしくなって、自然に働きたくなり勉強したくなるのです。そして仕事が嬉《うれ》しくなり、勉強が楽しくて耐《たま》らないようになって来るのです。これは本当です。皆さんは明日《あす》からいっそう働き手になり、勉強家《べんきょうか》になります。毎日一層、明日《あす》は今日《きょう》より、明後日《あさって》は明日《あす》より自然にそうなってくるのです。これが言葉の力です。文章の力です。働くといっても嫌々《いやいや》そうなるのではありません。仕事が楽しくて、勉強が嬉《うれ》しくてしかたがなくて、自然にそうなるのだから結構《けっこう》なのです。

## 病気の正体《しょうたい》は何？

皆さんは、病気とはどんなものだか知っていますか。病気と言ったら、身体《からだ》のどこかが懶《なま》けていることなのです。胃袋《いぶくろ》がグズグズ不平《ふへい》をいって懶《なま》けているのが胃病《いびょう》です。お腹《なか》が懶《なま》けて食べたものを選り分《えわ》けて、血や肉にしてくれないで、みんな外へ出してしまうのが下痢《げり》です、身体《からだ》全体が熱っぽく懶《なま》けているのが風邪引《かぜひ》きです。不平をいい、鼻膨《ふく》らしてブツブツ言っているのが鼻感冒《はなかぜ》です。身体中《からだじゅう》のすべての道具が懶《なま》けずに働いていましたら私達は達者《たっしゃ》なのです。では身体《からだ》を達者にしようと思うには、身体《からだ》に懶《なま》けることを教えないようにしなければなりません。それには皆さんは懶《なま》けることは得《とく》だという考えを捨てねばなりません。いつも皆さん自身が懶《なま》けておって、身体《からだ》のあちこちの道具に懶《なま》けたらいかんと言っても駄目《だめ》であります。身体中《からだじゅう》のすべての道具を懶《なま》けさせずに健康《けんこう》に働かせようと思ったら、皆さん自身が本当に懶《なま》けずによく勉強し、よく仕事のできる人にならねばなりません。これが病気すなわち「身体《からだ》の道具の懶《なま》ける」ことを防《ふせ》ぐ第一の心掛《こころが》けです。

## 休息《きゅうそく》の喜びは働きにある

多くの人達の欲《ほ》しがっている休息すなわち「休み」の快《こころよ》さというものは、成《な》るべく働かないようにしていることによって得《え》られるものではありません。本当に働いたものだけが、休息すなわち「休み」の快さを知っているのです。病人はいつも寝床《ねどこ》の中に寝ているから、さぞ「休み」の快さを毎日毎時間味わっているようにお思いになるかも知れませんが、いつも休んでいる人には「休息」がないのです。それは、だるい退屈《たいくつ》な仕《し》様《よう》のない時間の続きです。よく働いた日に、夜になって寝床《ねどこ》に入って足を伸ばす快さこそ本当の休息です。働かない人にはこの休息の喜びはわからない。人間は働くように、仕事をするように、勉強をするように、神から創《つく》られているのです。だから働かない人、仕事をしない人、勉強しない人には、休息の快《こころよ》さを神様は与えてくださらないのです。真の休息の快さは働く人にのみあるのです。毎日休んでいる人には日曜日の楽しさは本当にわかりません。ただダラダラ遊んでいるだけで、くだらない味のない、楽しさのない、退屈《たいくつ》な日が続くばかりです。

## 働く者の喜び

働く人、仕事する人、勉強する人の楽しさは、休息《きゅうそく》の時間や休日《やすみのひ》が本当に楽しくて快いばかりではなく、まだまだ尊《とうと》い楽しさを与えられます。自分がする仕事がだんだん捗《はかど》り進行してゆきつつあるのを見る楽しみはその一つです。仕事の一段を終る毎《ごと》に「もう、これだけできた！」という喜び、勉強のひとくさりが終る毎《ごと》に、もうこれだけ自分は進歩したと思い返す喜び。仕事の中に、勉強の中に、時々刻々《じじこくこく》の運びの中に進歩があり喜びがあるのです。皆さんは本を読んで、もう大分《だいぶ》読んで、「もうこれだけ進んだ」

と思って、読み終ったその本の厚《あつ》みを、じっと見てさわやかなホッとした楽しい息《いき》をする喜びを味わったことはありませんか。これは読書《とくしょ》の楽しみですが、仕事をすれば、勉強をすれば、「もうこれだけ進んだ」と振返《ふりかえ》って考えられるその時の楽しみはまた格《かく》別《べつ》です。

## 仕事と勉強の喜び

最も幸福な人間は、仕事をし、勉強をする喜びを知った人です。それは世の中に益《えき》を与え、人に益《えき》を与えながら、自分も益《えき》を与えられ、心に無限の歓《よろこ》びを味わいつつ、自分自身が進歩する道なのです。そのほかにも、本当の休息《きゅうそく》の楽しみや、夜寝床《ねどこ》で足を伸《の》ばす快《こころよ》さや、日曜日に本当に誰《たれ》はばからずに、自由に伸び伸びとして時間を得《う》る喜びや、身体《からだ》が健康《けんこう》で食べ物の美味《おい》しさを与えられる楽しさは、働いた後《のち》にこそ来るのです。

これに反して世界で最も気の毒な人は仕事を持たない人です。病人でも仕事は手先《てさき》でき、心でできます。仕事さえあれば、病気で長く寝ている人も、なお心を楽しませることはできます。しかし、仕事をすることを知らない人が病気になったら、ただ苦しみと退屈《たいくつ》を味わうばかりで、実《じつ》に惨《みじ》めで気の毒だと言わねばなりません。

たいていの病気は、不平《ふへい》を言わずにただ喜んで仕事をするということ——それだけで治《なお》るのです。私に相談なさった方《かた》で、仕事に喜んで精出《せいだ》すという、ただそれだけのことで病気の治った人はたくさんあります。リビングストン（編註・一八一三年生まれ。イギリスの宣教師。アフリカ探検家）は「神のために働くとき、額《ひたい》の汗は神経《しんけい》の強壮剤《きょうそうざい》である」と申《もう》しました。「神のために働く」とは世の中のためになる仕事に喜んで働くということです。一巻《ひとまき》の糸を紡《つむ》いでも、一足《いっそく》の靴下《くつした》を織《お》っても、「この私の力によって、吾々《われわれ》の兄弟である人間が寒さを凌《しの》いで喜んでくれるのだ」と思えば、その仕事が楽しくなってくるのです。

## 仕事の面白味《おもしろみ》を出す法

仕事や勉強は、人間が自分の生命《せいめい》(自分の内にある生きる力)を生かすために、神がくださったものでありますから、あまり好《この》まない仕事でも、あまり好まない学科《がっか》でも、熱心にただやりさえすれば、しまいには面白《おもしろ》くなってくるようにできているのです。仕事や勉強が面白くないのは、ただその理由《わけ》は、その人がそれを熱心にやらないということだけです。つとめつとめて無理《むり》にでも根限《こんかぎ》りやっているうちには、それがどんな仕事でも、本当に楽しくできるようになってくるのは、あの本来苦《もともとにが》い不味《まず》い煙草《たばこ》でも、無理につとめて喫《す》っているうちには、美味《おい》しくて、とても止《や》められないほどの味が出てくるのでも知れるでしょう。

まことに習慣《しゅうかん》の力ほど強いものはありません。苦《にが》い酒や煙草《たばこ》でも、美味《おい》しく感じさせるのは習慣の力です。はじめは如何《いか》に、仕事が苦しくとも、勉強が辛《つら》くとも、それは

「本当のあなた」の現《あらわ》れではありません。つとめて行なえば必ず仕事や勉強に味が出てくるのです。必ず仕事が楽しくなってきます。勉強が歓《よろこ》ばしくなってきます。

## 先《ま》ず進んで自分からやれ

仕事や勉強を楽しくするには、懶《なま》けている習慣《しゅうかん》に負けているかぎりは、仕事や勉強の喜びは味わえるものではありません。本当に噛《か》み締《し》めて味わわずには、物の本当の味わいというものは分るものではありません。仕事や勉強の楽しさを本当に味わうには、身を入れて、しっかりとその仕事や勉強を一心不乱《いっしんふらん》にやってみなければなりません。親や上役《うわやく》から、いつでも勉強せよ、仕事をせよと口喧《くちやかま》しく言われるために、勉強や仕事が嫌《いや》になっている人は、親や上役が見ていない時に、知らぬ間《ま》に、この仕事、この勉強をやって置《お》こうと、そういう機会《きかい》を覗《ねら》って一所懸命《いっしょけんめい》に仕事をし勉強をしてみて、自分から進んでする仕事、自分から進んでする勉強の楽しさの味を知ってみるのも一方法です。ともかく、仕事や勉強の味は、先《ま》ず思い切って、一所懸命《いっしょけんめい》にやってみなければ判《わか》りません。仕事や勉強の味が本当に判ってきたら、この世の中に、これほど楽しい爽《さわや》かな喜びはありません。

## 思いついたら直《す》ぐ始めよ

仕事や勉強が楽しくないのは、何でも思いついた時すぐしないのにも依《よ》るのです。後《あと》からそれをしようと思って尻重《しりおも》くしているために、必要なことも思うように進行せず、「いざしよう」となったときには、あれもせねばならぬ、これもせねばならぬと、仕事や勉強が溜《たま》っているために、心がアチコチ踏《ふ》み迷《まよ》い、どうしたら好《よ》いか分らなくなり、イライラし、急いで来《き》、急ぐために血は逆《のぼ》せ、呼吸《いき》はみだれ、肩は凝《こ》っていろいろの病気を惹起《ひきおこ》す原因となるのです。

## 考えるより実行せよ

「面白《おもしろ》くないから仕事ができない、勉強にとりかかれない」と言う人があるかもしれませんが、仕事や、勉強は、乾鱘《するめ》を食べるようなものです。乾鱘《するめ》はちょっと舐《な》めてみただけでは本当の味というものは出てこないのです。本当の仕事と勉強との味は、それをしないでその仕事のことを考えているうちの味と、実際にやってみる時の味とは異《ちが》うものです。仕事をせずに、仕事をせねばならぬと考えているだけでも頭を使う。仕事をせずに頭を使うことは、却《かえ》って苦しい仕事でありますが、仕事に実際とり掛《かか》ってみますと案《あん》外《がい》楽で、やっているうちに、思いも掛《か》けないよい智慧《ちえ》が湧《わ》いてくるものです。仕事は実際始めれば少しも考えたり頭を悩ましたりすることなしによい考えが湧《わ》いてくるものです。神は人間を働くように造ったものでありますから、働いているときには神の智慧《ちえ》が湧《わ》いてきて手伝ってくれるものに相違《そうい》ありません。

## 易《やさ》しい仕事で興味《きょうみ》を出して

仕事や勉強をするのに、難《むつ》かしそうな部分からいちいち征服《せいふく》してやってゆく方法もありますが、それは仕事や勉強がスッカリ好きになってからの事であります。まだ幾《いく》らか仕事や勉強のことを考えるとウンザリするというような人達は、仕事の中《うち》でできるだけ易《やさ》しい部分、勉強の中でできるだけ易しい部分から始めることが必要です。仕事や勉強は喰《く》いつきさえすれば、その中から味が出て来《き》、神の智慧《ちえ》が一緒《いっしょ》に働いてくれますから、仕事や勉強の面倒《めんどう》な部分も自然に易《やさ》しくなってくるのです。ですから何よりも先《ま》ずどこからでも仕事や勉強に喰《く》いつく呼吸《こきゅう》が肝腎《かんじん》なのです。

## 力の働かせ方

「生長《せいちょう》の家《いえ》」では働けば働くほど無限に力が出てきて達者《たっしゃ》になると申《もう》します。しかし、力は無駄《むだ》に働かしては無限に力は殖《ふ》えるものではありません。あまりに大切でもないことに時間と力を使っていますと、肝腎《かんじん》な仕事や勉強をせねばならぬときに時間が足《た》りなくなって来たり、力が足りなくなってきたりすることがあるものです。人間の力は使えば使うほど殖えるということについて十分知っていただきたいのは、「智慧《ちえ》の力」も一緒《いっしょ》に十分使わねばならぬということです。「智慧の力」を十分使えば、くだらない事に使う力を必要なことに使うように廻《まわ》すことができるのです。必要なことに力を働かせば、働かした力以上の結果が生れてくるのです。働かした力以上の結果が出てくることをば、使えば使うほど殖《ふ》えると言うのです。力を使えば使うほど殖えるようにするには、無駄《むだ》に力と時間を使わず尊《とうと》い仕事に使わねばなりません。

# 朝の時間を無駄《むだ》にするな

早朝《そうちょう》の数時間は、最も自分を進歩させる尊《とうと》い仕事または勉強のために使わねばなりません。朝新聞が配達《はいたつ》されるということは、一部の政治界《せいじかい》・実業界《じつぎょうかい》の人たちのほかの人にとってはたいてい大《おお》いなる損失《そんしつ》です。目まぐるしい実業界で値段《ねだん》の上《あが》り下《さが》りで金儲《かねもう》けをしようとする人以外には、一週間ぐらい新聞を見ないでも世間《せけん》に遅れることはありません。私は、諸方《しょほう》へ講演旅行《こうえんりょこう》をする時には一切新聞を見ないのでありますが、一向《いっこう》それで損《そん》をしたということはありません。たいていの新聞は、善悪《ぜんあく》の差別なしに世間の出来事《できごと》を、人々の心を惹《ひ》くよう、好《よ》い加減《かげん》に善悪の区別なく集めたものですから、善《よ》いことを教えられもすれば悪いことを教えられもするのです。毒々《どくどく》しい新聞の薬の広告の刺激《しげき》で病気を起す人さえあります。時間を上手《じょうず》に使おうとする人は、一週間か十日毎《とおかごと》に、その間に起った重要な出来事を、判《わか》り易《やす》く簡単《かんたん》に書いた、少しも悪い記事を載《の》せない旬刊新聞《じゅんかんしんぶん》か、週刊新聞《しゅうかんしんぶん》を読まれるようにするならば、一生の間にどんなに時間が助かるかも知れません。

# 第十一章　時間の生かし方

# 「いのち」を大切にせよ

たいていの人は、時間というものをぼんやりと過《す》ごしてしまう人が多いのであります。ところが、「時間」ぐらい大事なものは世の中にないのであって、何物をもって較《くら》べてみましても、時間以上に尊《とうと》いものはこの世にないのであります。というのは、第一私達の寿命《いのち》というものが時間によって成立《なりた》っている。人は生命《いのち》から二番目は金である、とこう申《もう》しますけれども、その生命《いのち》そのものはもう一番目である。その生命《いのち》が何によって成立っているかというと、時間の継続《けいぞく》によって成立っているのでありますから、この時間を十分《じゅっぷん》でも無駄《むだ》に費《つい》やしたら、その十分だけ自分の寿命《いのち》が縮《ちぢ》まった事になるわけでありますす。しかも、それに気のつく人が実際少ないのは残念であります。それに気のついた人は必ず何かできる人になっている。必ず何か世の中で頭《かしら》になっておられるとか、或《あ》いは何か事業《じぎょう》に成功するとかしているのであります。「時間」さえ生かして使えば私達はこの世の中に於《お》てなんでもできないというものはないのです。

## 金貨《きんか》よりも時間は大切

ところが、この時間ぐらい目に見えないものはない。目に見えないためにどうも粗末《そまつ》にされ易《やす》く、失われ易いのであります。金はなくしたら人から借りる事もできますが、時間をなくしたら人から借りる事はできません。仮《か》りに金貨を握《にぎ》ってそれを捨てて歩いたら、「ああもったいない」と言って拾《ひろ》って歩く人はありますけれども、時間を捨てて歩く人の後《うしろ》からついて往《い》って、「ああもったいない」と言って時間を拾って歩く人はないのであります。時間は目に見えないから拾って歩くわけにはゆかないし、時計で測《はか》って見て、眼《め》に見えたからといって、時計の捻子《ねじ》を逆に廻《まわ》して、針を逆《さか》さまに廻してみても、時間そのものは後《あと》へ戻《もど》って来るものでもなく、「あんた時間を落していますよ」と言って拾って上げるわけにもゆかないのであります。このように時間というものは生命《いのち》から二番目の金よりも大切で、一番の一番の生命《いのち》そのものでして、時間を失ってしまったらどうにも仕方《しかた》がないのでありますから、皆さんどうぞ一分間でも時間を生かして、良《よ》い事に、勉強に、仕事に、人に喜ばれることに、自分をよくする事に、人をよくすることに、人のためになることに、使うことにいたしましょう。

## 一度失われた時間は復《かえ》らぬ

いつも午前八時なら午前八時には時計の針は一定の8の字の所を指しますけれども、今日《きょう》のこの「八時」という時間は永遠にやって来ないのであります。午前八時というのは何回でもやって来ますけれども、今日《きょう》のこの時間、自分の生きるこの時間という同じ時間はやって来ないのであります。今日《きょう》のこの自分の「生きるこの時間」というものを生かさなければ、この私達の有《ゆう》する自分の生命《いのち》というものが全然《ぜんぜん》ないわけであります。ですから、いつでも、「今《いま》」が自分の生きるか死ぬかの正念場《しょうねんば》なのであります。私達自身を生かすか殺すかの重大な時期、それが時々刻々《じじこくこく》の時間であります。

## この境遇《きょうぐう》にこの時間

さて、すべての人は単なる「時間」という目に見えない流れの中に生きているだけでなしに、ある具体的《ぐたいてき》の境遇というものの中に住んでおります。この具体的の境遇というものが、いわば横の広《ひろ》がりであります、時間という縦《たて》に続いているものと、境遇という横に続いているものとが交叉《こうさ》した十文字《じゅうもんじ》の一点に私達は生きているのであります。時間は無形《むけい》で形がありませんから、どの時間でもよく似たように見えておりますけれども、この境遇、この自分の置かれた横の位置というものは、常に変っているのであります。たとえば昨日《きのう》の午前八時、今日《きょう》の午前八時、また明日《あす》の午前八時、時間は皆《みな》午前八時であっても、自分のいる位置が変って、自分の生命《いのち》の波が変っているのであります。時々刻々私達は自分の生命《いのち》の波が変っているのでありますから、いつも異《ちが》う新しい自分であります。常に新しい自分が、常に新しい境遇《きょうぐう》に於《おい》て、常に新しい時間の流れに生きるというのが、私達の時々刻々《じじこくこく》生きているところの生命《いのち》であります。ですから、常に私達は、「今《いま》」の時間と境遇とをできるだけ十分《じゅうぶん》生きて、新しき生長《せいちょう》をしなければならない。そうしなければ私達は「今《いま》」の自分の生命《いのち》を捨てているわけであります。「今《いま》」の自分の生命《いのち》を捨てては、単に自分の生命《いのち》が生長しない事になってしまうと同時に、二度と掴《つか》む事のできない千載一遇《せんざいいちぐう》の尊《とうと》い境遇機会《きょうぐうきかい》というものを逃《のが》してしまう事になるのであります。

## 無限の値打《ねうち》の生み出し方

私達が、もし自分のすべての時間を本当に生かすという事ができますれば、私達は恐らく、今生きている何倍、否《いな》、何十倍も生きられることになるでしょう。単に時間的に考えると、一日に四時間雑談《ざつだん》に使うところを、その四時間だけ何か勉強すれば、ただそれだけでも、一つの事柄《ことがら》の大学者《だいがくしゃ》になることができるのであります。人が出世《しゅっせ》できないのは時間の利用法を知らないからです。その上、四時間を勉強すればその四時間だけ助かると思いますけれども、それはそんな小さな問題ではないのであります。その四時間の時の流れの時々《じじ》刻々《こくこく》を本当に生きてゆく事にしましたならば、その四時間の中の時々刻々、一分一秒一瞬が又《また》おのおの無限の価値《かち》をもってくるのであります。そうなりますと、私達の時間の生かし方によっては、計算のできない無限の価値がそこから生れてくるのであります。

## 時間を拝《おが》んで使え

ですから私達は常に時間をどう使ったらよろしいかというと、拝んで使うようにするとよいのであります。時間を拝む気持《きもち》になるのであります。私達は常になんでも拝む事を忘れてはならないのです。生長《せいちょう》の家《いえ》は人間を神の子として拝み合うのでありますが、時間もやはり神の生命《いのち》の流れだと考えて拝《おが》むようにして使うがいいのであります。とにかく、時間は尊《とうと》ばなければならない。単に利益《りえき》だけを考えて、「これだけ捨てたら惜《お》しいものである」と思って、時間を大切に使うのも結構《けっこう》ではありますが、もっと深く考えますと、ここにこういう時間に生きているという事は、これは神様の生命《いのち》の流れの中に一日一日をこうして生かされているということで、実《じつ》にありがたい事である、と、こう思う事によって、私達は今この生きている事実に、本当に掌《て》を合わして拝む気持《きもち》が出てくるのであります。そうして今までここにこうしてこの位置に生かされているという事、それ自体が実にありがたい事であると拝めるようになりますと、本当に時々《じじ》刻々《こくこく》が捨てられないところの一つの尊《とうと》いものになってきて、自然に時間を無駄《むだ》にしなくなるのであります。

## 小さな時間を利用せよ

時間を利用して勉強するには、大きな暇《ひま》な時間が来るのを待っていては駄目《だめ》です。大きくつづいた暇な時間は却《かえ》って海水浴《かいすいよく》に往《い》ったり、見物《けんぶつ》に往《い》ったりするために費《ついや》されて勉強にならないことが多いものです。だから偉《えら》くなりたい人は、短い切れ切れの時間を上手《じょうず》に利用しなければなりません。短い切れ切れの時間は、参考書《さんこうしょ》を探《さが》しに往《い》ったり、鉛筆《えんぴつ》を出したりしている間に、すぐ失《な》くなってしまうのですから、そんな下手《へた》な時間の使い方をしていたら、あなたは偉くなることはできません。偉くなるには、ちょっとした時間でもすぐ勉強できるように、常に小さな手頃《てごろ》の良《よ》い本をポケットに入れて置き、十分間でも十五分間でも暇《ひま》があれば、その本を披《ひら》いて覚えるようにすることです。良《よ》いことは書き抜くように小さな鉛筆のついた手帳《てちょう》も一緒《いっしょ》に持っていると一層《いっそう》よろしい。たった十五分しかないから何もできないというようでは偉くなれません。

## この吾《わ》が「いのち」――神の生命《いのち》

時間を大切にいたしまするのも、ここにこうして生かされている生命《いのち》、それが神の生命《いのち》である、ああありがたい、何かしなければならない、無駄《むだ》にしてはならないという――この何とも言えない心の奥底《おくそこ》から出る自然の自覚《じかく》で、ありがたくて自然と動かずにはおれない働きになってこなければならないのであります。そういう心持《こころもち》で時々刻々《じじこくこく》を生きてゆく事にしますと、一分《いっぷん》一分一瞬《いっしゅん》一瞬が無限の価値《かち》を持ってきまして、どんな時にも、どんな境遇《きょうぐう》にも、あらゆる事に対して不平もなく、みんなありがたい神様の生命《いのち》を生かさせていただく瞬間《しゅんかん》である。今、神様の生き通しの生命《いのち》を生きている。「久遠の今《いきとおし》」を生きている、神の永遠生命《ほろびないいのち》をこの瞬間に生きているというありがたい心持になってくるのであります。これが「生長《せいちょう》の家《いえ》」の生き方であります。

## 何とも言えない尊《とうと》いありがたさ

この何とも言えない心の底から出るありがたさが最も尊いのであります。この内から湧《わ》き出《で》て来るありがたさの心で何事《なにごと》でもおやりになったならば、どんな事をしても必ず巧《うま》く成功するのであります。たとえばお針《はり》をなさるにしましても、神戸《こうべ》の山田さんという洋服屋さんは、「洋服を縫《ぬ》うときには、これを着てくれる人が必ず幸福に健康《けんこう》になりますように」と一針《ひとはり》ごとに念《ねん》ずるようにして縫《ぬ》えと、職人《しょくにん》たちに教えられたのでありますが、そういう尊い深切《しんせつ》な心持《こころもち》になられますと、自然とその裁縫《さいほう》も上達《じょうたつ》してくるのであります。その洋服屋さんは神戸の人でありましたが、仕立《したて》が上手《じょうず》でありましたので、神戸にいながら、姫路《ひめじ》とか、広島辺《へん》の注文がくるというほどの洋服屋さんでありました。注文者《ちゅうもんしゃ》が遠方《えんぽう》にいるのですから、いちいち仮縫《かりぬい》の寸法《すんぽう》を合わしに出張《しゅっちょう》していましたら往復《おうふく》の汽車賃《きしゃちん》なども大変ですので、仮縫はしないでも郵便《ゆうびん》で注文《ちゅうもん》がくる。それは大体《だいたい》これほどの体格《たいかく》で、和服《わふく》は何寸《なんずん》(編註・寸は長さの単位。一寸は一尺の十分の一)ぐらい着る人だということさえ通知《つうち》すれば、全然仮縫《ぜんぜんかりぬい》しないでいて、ちゃんとその身体《からだ》にぴたりと合うような洋服ができるのです。それだから、どんな遠い所からでも通信《つうしん》で注文《ちゅうもん》がくる。仮縫をしないでも、その洋服の着手《きて》にピッタリ寸法《すんぽう》の合うような仕立《したて》ができるというのは、やはり、「この洋服を着る人が幸福になりますように」というような、拝《おが》む心で仕立をせられますから、この深切《しんせつ》な心持《こころもち》が、この拝む心持が、愛の心持が、自他一体《じたいったい》の天地《てんち》を貫《つらぬ》くところの気持《きもち》でありますから、天地を貫いて神戸《こうべ》から姫路《ひめじ》や広島まで離れておっても、そこに心と心でちゃんと相手の欲《ほっ》するような洋服ができるという事になるのであります。そういうふうになって来ますと、何をしても皆《みな》に喜ばれるようになって来るのであります。仕事が上手《じょうず》になり、勉強が上手になるのも、そういう深切心《しんせつごころ》からであります。

## 時々刻々千載一遇《じじこくこくせんざいいちぐう》

一日のお料理をいたしますにも、今、この時間にお料理をする事その事が千載一遇の機会《きかい》であります。別の時は別の機会であって、「今《いま》」は「今《いま》」しかないのであります。私達は常に時々刻々《じじこくこく》が千載一遇の好機会《こうきかい》であるという事を知らなければならないのであります。或《ある》いは難《むつ》かしいお姑《しゅうとめ》さんのところにお嫁《よめ》に行《い》ったという事がありましても、こんな尊《とうと》い経験《けいけん》は又《また》とないのでありますから、それは実《じつ》に千載一遇の機会であると喜ばなければならないのであります。そういう口喧《くちやかま》しい姑さんの家に嫁に行って生活するという経験は、他《ほか》の処《ところ》へ嫁に行っては味わうことのできない又《また》とない尊い経験なのであります。これが千載一遇《せんざいいちぐう》の機会で、その機会を失ったら、又同じ機会は来ないのであります。又厳《きび》しい工場監督《こうじょうかんとく》さんの下《した》に雇《やと》われて働くにしましても、厳《きび》しい先生に叱《しか》られつつ何か勉強するにしましても、厳しい監督さんや厳しい先生に逢《あ》わしていただくのも、それでなければ得《え》られないところの千載一遇《せんざいいちぐう》の機会《きかい》を恵まれて、神様が私にここにこういう経験《けいけん》をさせてくださるのだと思えば、その難《むつ》かしい監督《かんとく》さん、その難《むつ》かしい先生をありがたく拝《おが》みたくなるのが当り前であります。

## 困難《こんなん》な仕事ほど面白《おもしろ》い

人生の経験はちょうどオリンピック大会のようなものでありまして、いろいろの障《しょう》礙物《がいぶつ》や困難があるのでおもしろいのであります。水の中を泳いでみたり、高跳《たかとび》をしたり、何かそこに唯《ただ》の平地を歩く以上の障礙物《しょうがいぶつ》があるので力を入れて熱心にやるだけの値打《ねうち》があるのであります。だから皆さんは難《むつ》かしい仕事や、難《むつ》かしい勉強や、困難な境遇《きょうぐう》に置かれる毎《ごと》に常にオリンピック大会に出ている選手《せんしゅ》みたいな心算《つもり》で、その時間、その境遇にできるだけの総《すべ》ての経験を得《え》させていただきましょう、と喜んでその境遇、仕事、学科《がっか》、時間を生きてゆきますと、どんな時でも喜ばれる、事柄《ことがら》が難《むつ》かしければ難《むつ》かしいほど喜ばれるはずであります。事柄《ことがら》が難《むつ》かしいほど私達はそれに対して真剣《しんけん》になります。又《また》それから得《え》られる教訓《きょうくん》も、経験《けいけん》も多いという事になります。困難《こんなん》な事柄がどんなに起ってきましても、それが皆拝《みなおが》めるようになりましたら、そこから不平《ふへい》というものが一切なくなる。総《あら》ゆる難《むつ》かしい境遇《きょうぐう》は、私達の心を富まし私達の心に栄養を与えるよき機会《きかい》だ、ああありがたいという事になるのであります。

## なぜ人間は仕事を嫌《きら》うか

人間は妙《みょう》な習慣《しゅうかん》がありまして、どういうものか仕事をする事を嫌う人が多いのであります。仕事をしたら損《そん》だという間違《まちが》った観念《かんねん》がどうして起ったかは知りませんが、恐らく仕事というものは強制《きょうせい》させる事から、その反動的《はんどうてき》に起ってきたものであろうと思います。仕事が嫌《いや》になるのは、人から強制されたと思うからで、人間の生命《せいめい》というのは自由というものを求めておりますから、自由に反して、これからお前は金で傭《やと》ってあるから働けというように縛《しば》られた気持《きもち》になると、どうも仕事をするのが面白《おもしろ》くなくなるのであります。しかし、働いてお金を貰《もら》うからとて、お金に縛られて強制《きょうせい》されるのだなどとは考えないで、ただ仕事そのものを考えて、それを熱心にやる、あるいはこれは自分が神様から授《さず》かった尊《とうと》い仕事である、これで自分の生命《いのち》を伸《の》ばしていただくありがたい勉強であると考えれば、どんな仕事も、縛られたというような不快《ふかい》な感じなしに喜んでやれるようになるのであります。

勉強という言葉は、「勉《つと》め強《し》いる」と書いてありますから、勉強というだけでも嫌《きら》いな人がありますが、それを勉強だと考えずに、自分の生命《いのち》の伸びる唯一《ゆいいつ》の機会《きかい》であると喜ぶようにすることが肝腎《かんじん》であります。「神は今に至《いた》るも働き給《たま》う」と聖書《せいしょ》に書いてありますが、私達は神の子ですから働きが神の子の使命であり、働きが神の子の本然《そのまま》であります。働かなければ神の子の生命《いのち》は伸びないと分ったら、自分の生きる道は働くしかないという事になるわけであります。言い換《か》えると、仕事をする事その事が自分を伸ばす仕事であって楽しい楽しいと思うようにならなければ、人間は本当に発達《はったつ》するものではないのであります。

## 仕事するほど健康《けんこう》になる

私は自分の事をいうのは気がひけますが、私などは朝起きると寝るまで常に働いて休《きゅう》暇《か》というものは一年中一日もないのであります。夏休《なつやすみ》というものもありませんけれども、仕事そのものが楽しいのですから、仕事の中に休暇があるのです。私達の心臓《しんぞう》だって一日も一時間も休暇した事はない。心臓が休暇をとったら人間は死んでしまう。心臓が休憩《きゅうけい》してくれないからこそ、私達は夜寝《ね》ていても生きている。心臓がいつも働く事によって私達は健康を保っているのであります。

ところが世間《せけん》には、吾々《われわれ》が働き過《す》ぎるから神経衰弱《しんけいすいじゃく》を起すとか、仕事をし過ぎるから病気を起すとか考えている人がありまして、往々《おうおう》にして深切《しんせつ》な人々から「あんたは病気ですから、神経衰弱だから、家にいてぶらぶらしていなさい」と言われることがありますけれども、これは決して本当の深切《しんせつ》ではありません。その証拠《しょうこ》に老人になって、会社の仕事を辞《や》めて、隠居《いんきょ》でもいたしますと、直《す》ぐ人間は老衰《ろうすい》してくるのです。なぜ老衰してくるかと言いますと、それだけ働きが無《な》くなったため、人間の生命《せいめい》は働きそのものでありますから、働きそのものが無くなった時、生命《せいめい》の生きる力、神の生命《いのち》がだんだん現《あらわ》れなくなって、この世から不要《ふよう》になり、その揚句《あげく》の果《はて》に本当に死んでしまう事になるのであります。神は生命《せいめい》であり働きでありますから、私達は働きさえしたら生きる。心臓にしても、細胞《さいほう》にしても、常に働いていて、「新陳代謝《しんちんたいしゃ》」といって、新しいものを入れ、古きものを排泄《はいせつ》して、常に働いているからこそ生きているのであります。ですから、私達は働かなければ却《かえ》って自分自身が死につつあるという事を考えなければならないのです。

## 神経衰弱《しんけいすいじゃく》を治《なお》す法

陽気《ようき》にしておれば、楽をしておれば、その方《ほう》が健康《けんこう》になるという考え方は、今までの考え方なのでありますが、それは実際は嘘《うそ》なのです。間違《まちがい》なのです。神経衰弱の患者《かんじゃ》なんかが私のところへやってこられて相談《そうだん》をなさると、「あんた働きなさい」こう申上《もうしあ》げて働かせると病気が治《なお》るのであります。これは何も生長《せいちょう》の家《いえ》だけではないので、神経衰弱の治療法《ちりょうほう》で医学博士《いがくはくし》になった森田正馬博士《もりたまさたけはくし》なども、そう説《と》いていられる。あの人の療法は作業療法《さぎょうりょうほう》といって、働く事によって病気を治すのです。病院を建《た》てて入院料を取って働かせる。入院患者は、金を払った上でガラス障子《しょうじ》を拭《ふ》かせられたり、廊《ろう》下《か》を拭かせられたり、畑を耕《たが》やしたりさせられる。男の人でもレースの編物《あみもの》や、毛糸の編物までさせられて、一所懸命《いっしょけんめい》に働かせられて、それによって病気が治るのであります。そういう工合《ぐあい》に、働く方《ほう》の人が金を払って働かせて貰《もら》うと病気が治るのですが、月給《げっきゅう》を貰《もら》って働くと働くのがばからしくなる人が多いのは変な話であります。その病院に入院すると入院費が要《い》る。即ちこちらから病院へ月給《げっきゅう》を払うわけです。それで早く治《なお》すためには働かなかったら損《そん》だというので、一所懸命《いっしょけんめい》働く。長くいるほど金が要《い》るから、早く働いて早く治らないといけないと思って一所懸命働くのです。そうすると本当にその病気が治ってしまうのです。それで森田さんは、入院料を貰《もら》って人に働かせて、お剰《ま》けに自分は博士《はくし》になったのです。そういうふうに、働きというものは、私達を健康《けんこう》にする不思議《ふしぎ》な力をもっているのです。というのは、人間の生命《いきるちから》は働きであるから、私達は働けば健康になるわけです。

## 働かないと病気の治らぬ訳《わけ》

ところが、病気になった人に楽をしておれと申《もう》しますと、楽をしていればいいんだというので、胃病《いびょう》なら胃病の人が何もしないで楽をしていると、胃袋《いぶくろ》に変な感じがしている。楽であるから他《ほか》の事に気を転ずる事ができないので、いつも胃袋《いぶくろ》に気がいって「胃《い》が悪い胃が悪い」と、いつも胃袋の事ばかり考えている。そのため、その人は楽をしているかというと決して楽ではない、心は一番不快な胃袋の事ばかりを常に考えさせられている。自分の病気の事は、病人にとって一番嫌《いや》な事ですが、その嫌なことを一所懸命《いっしょけんめい》間断《かんだん》なく考えねばならない。ですから、余所《よそ》から見ると身体《からだ》は楽なように見えますが、その実《じつ》一番苦しんでいるのです。本当に働いたら病気の事なんか忘れてしまう。役者《やくしゃ》なんかが胃病《いびょう》とか神経痛《しんけいつう》なんかで苦しんでいましても、舞台《ぶたい》に出て活動している間はちっとも痛《いた》まない。舞台から降りてやれやれと思うと痛み出すものであります。役者でなくとも、神経痛という病気の人で昼間《ひるま》働いている間は何でもなくて、夜になって寝床《ねどこ》に入ると痛んでくる人があります。それはまだ働き方が足《た》りないのです。昼間働いている時には苦しくないんですが、夜になってから暇《ひま》ができるので、「病気が治《なお》らないナ」といろいろ考える余裕《よゆう》ができるから苦しくなるのです。そういうふうに私達は働くという事は実《じつ》にありがたい事であります。働く事によって私達は健康《けんこう》も増し、能力《のうりょく》も増し、財《ざい》産《さん》も増し、人からも喜ばれるという四つの徳《とく》が備《そな》わるのであります。

## 上役《うわやく》と調和《ちょうわ》する道

時間を無駄《むだ》に費《ついや》さないで十分それを働かすという事は、単に専門的《せんもんてき》な知識《ちしき》を得《う》るというだけではなしに、まだまだ話しても話しても尽《つ》きない功徳《くどく》があるのであります。といって、あまり勉強に凝《こ》りすぎて、一分間でも勉強しなければ損《そん》だと思って、会社におっても与えられた会社の仕事が終ると、ちゃんと自分の仕事は終ったから後《あと》の時間はこれは自分の時間だと思って、自分の勉強したい本を持って来て、机の下なんかで内証《ないしょう》に拡げて読んでいる人があります。そうして、上役の人が何か雑談《ざつだん》をしたり、昨日《きのう》のオリンピックはどうだったなどと訊《き》いても、「煩《うる》さいナ、わしはこの勉強しなければならない、あれもしなければならないのに、ちょっと黙《だま》っとって欲《ほ》しい」などと思いますと、上役と調和《ちょうわ》しない事になります。上役と調和しないために、その事務所にいる事が面白《おもしろ》くなくなってくる。そこで仕事にも力が入らず、随《したが》って成績《せいせき》も上《あが》らず、月給《げっきゅう》も上らない。そこで不平《ふへい》の心が起ってきて、とうとうその会社を飛出《とびだ》す事になります。こういう人は又《また》次へ行っても同じ事でありまして、そんな人は、上役《うわやく》と調和《ちょうわ》しないから、仕事はできても何時《いつ》まで経《た》っても出世《しゅっせ》しない事になります。ですから人間は必ずしも能率一点《のうりついってん》張《ば》りになる事がよいのではありません。それは勉強という事に引っかかりすぎて余裕《よゆう》がなくなっているからであります。善《よ》い事にでも、引っかかれば悪くなるのであります。どんな場合でも、私達は引っかかって自由自在《じゆうじざい》を失ってはならないのであります。周囲と調和することが必要です。「今《いま》」の時間を、「今」の機会《きかい》を百パーセント生かす事が大切であります。「今」を調和して生かす事が本当の勉強であります。仮《かり》に上役《うわやく》がオリンピック大会の事を話しかけてくれたとしましたならば、その「今」の機会を生かすのが自分の勉強です。「今」上役がオリンピック大会の話をしかけたら、その上役はオリンピック大会についての先生である、ありがたいと思えばよろしい。それについてどういう表情《ひょうじょう》をして、どういう気持《きもち》で喜んでおるかという事を察《さっ》して、相手の喜びそうなことを考え、それに適当《てきとう》な応答《うけこたえ》をするという事も処世《しょせい》（編註・世の中を渡ること）の一つの生きた学問《がくもん》であります。それは書物《しょもつ》には書いてはないが、本当に生きた智慧《ちえ》をそこから生み出してくることができるのであります。

## 人を喜ばすのは追従《ついしょう》ではない

往々純情《おうおうじゅんじょう》すぎる青年達は、上役《うわやく》を喜ばす事が何かを追従《ついしょう》をすることだと思って、上役の機嫌《きげん》をなるべくとらないようにしようと考えたがるような、潔癖《けっぺき》を持っていることがありますが、これは間違《まちが》った潔癖であります。むろん、阿諛追従《へつらいついしょう》の心持《こころもち》をもってするのは良《よ》くないかも知れませんけれども、そうでなくて、そこに人類の兄弟がいる、そして、たとえばここにオリンピック大会に於《お》ける日本の選手《せんしゅ》がこういうふうな活動をしたと言って喜んでいる人がある、その喜んでいる一人《ひとり》の人類の兄弟があるのに、その兄弟と一緒《いっしょ》に喜んでやらないのは、愛の道ではありません。自分だけ勉強したい、本を読みたい、出世《しゅっせ》をしたいという事によって、自分と一緒《いっしょ》に手を繋《つな》いで喜びたいと思っている人類の兄弟に対して冷淡《れいたん》に振舞《ふるま》う事は、それは自分の愛を生かさない事であります。生きるとは働くことであり、仕事をすることでありますが、更に愛を働かすことであります。自分の立ち対《むか》う人々のことごとくを喜ばし生かす事は、またひとつの学問《がくもん》であります。この処世上《しょせいじょう》の生きた学問を勉強するのは、その相対《あいたい》する一人一人の人の気持《きもち》を察《さっ》してそれと一緒に喜ぶ。あの人の喜びは自分の喜びであると、自分の魂《たましい》を打開《うちひら》いた気持になって、人間と人間とが触《ふ》れ合ってゆく。この人間と人間とが触《ふ》れ合って喜ぶ勉強ができたら、その人はどこに行っても喜ばれる事になります。立身出世《りっしんしゅっせ》という問題は、必ずしも本を読んで学者《がくしゃ》になるという事が立身出世の道ではないのであります。学者で学問はあっても出世する人は少ないというのは、人間を掴《つか》む事を知らないからです。それで人間を掴む道を知るにはどうしたらいいかというと、すべての一人一人の人に対する機会毎《きかいごと》に、その相手の人の気持を察《さっ》することのできる一種の直感力《ちょっかんりょく》というものを養い、そうして相手を喜ばし生かして行《ゆ》くところの愛を養い、その愛を実行する技《ぎ》巧《こう》も知らなければならないのです。技巧《ぎこう》というとあまり形式的《けいしきてき》ですけれども、やはりそれもなければならないのです。相手を喜ばす技巧というのは、或《ある》いは清らかな心を抱《いだ》いている青年達には、ばからしいお追従《ついしょう》みたいな嫌《いや》なことだと思われるかも知れませんけれども、人間を喜ばす技巧は決して悪い事ではありません。それが悪いのでありましたら、習字《しゅうじ》の稽古《けいこ》も、絵の稽古も、茶の湯の稽古も、生花《いけばな》の稽古も皆悪事《みなあくじ》になってしまいます。要《よう》するに世の中にあるもの総《すべ》てのものは、人間を喜ばせる程度《ていど》に従って尊《とうと》いのであります。一人《ひとり》の人を喜ばせば一人に尊ばれ、万人《ばんにん》を喜ばせば万人に尊ばれるのであります。

それですから、学校を出ただけの人間は役に立たないとよく言われますのは、それは本当に世の中の生きた学問《がくもん》をしていないからです。人間というものをよく知らないからです。世の中を知らず、人間を知らないで本ばかり読んだとて、決して本当の人生というものは分らない。中には商業学校《しょうぎょうがっこう》の先生で商売《しょうばい》をすると必ず損《そん》するというような先生がありますが、そんな人は本当に人間を知らないで書籍《しょせき》だけで勉強しているから、本当の事をやらせると分らないのであります。そうすると吾々《われわれ》の勉強は必ずしも本だけにあるのではなく、常に「今《いま》」どんなときにもあるという事を知らなければなりません。むろん時間を大切にして本を読むことは大切ではあります。しかし上役《うわやく》が雑談《ざつだん》して、本を読めない時は、その雑談している人間そのものが私達にとって教科書《きょうかしょ》であります。その人間の顔を見て、その人間の心を察《さっ》して、その人間を生かすにはどうすればよいか、その人間を喜ばすにはどうすればよいかという、その生きた教科書を見て勉強できるのであります。木下藤吉郎《きのしたとうきちろう》(編註・豊臣秀吉の旧姓)が織田信長《おだのぶなが》の心を察して草履《ぞうり》を温《あたた》めたというのは、藤吉郎は自分の主人を教科書として勉強したのです。そうしますと、すべての人間が皆《みな》自分の生きた教科書であるという事になって、自分を邪魔《じゃま》する人間は一人もない、皆《みな》自分を勉強させてくれるのであるという事になり、意地悪《いじわる》の姑《しゅうとめ》でも、意地《いじ》悪《わる》の上役《うわやく》でも、皆《みな》ことごとく自分を勉強させてくれる生きた教科書となり、人生の勉強を積みつつ誰《たれ》からでもかわいがられて、あらゆる場合に応じて、自分も生き、人をも生かすところの生きた活学問《かつがくもん》というものがそこに成立《なりた》つのであります。

# 第十二章　交際《ひとつきあい》の生かし方

## 立身出世《りっしんしゅっせ》の道

誰《たれ》でも出世したい、月給《げっきゅう》が上《あが》りたい、自分が勤《つと》めて月給を貰《もら》っていない人でも、自分の父や兄弟や良人《おっと》などが出世をしたり、月給が上ったり、収入《しゅうにゅう》が殖《ふ》えたりすることは嬉《うれ》しい。嬉しいのが当り前である。嬉しくなければどうかしているのである。しかしそれが恰《あたか》も嬉しくない出来事ででもあるかのように、月給が上らないように、出世をしないように努《つと》めていられる人が、世の中には多いらしく見えるのはなぜでしょう。

## ひとに好《す》かれよ

出世しない人、月給の上らない人は人から好かれない人です。先《ま》ず出世しようと思うには人から好かれる人にならねばなりません。人から好かれる人にならねば幾《いく》ら仕事や勉強がよくできても出世《しゅっせ》ができません。月給《げっきゅう》も上《あが》りません。なぜなら人間は自分だけで仕事をしているのではありませんから。自分だけの仕事はよくできても、その人がその室《へや》にいるために他《た》の人の気持《きもち》がよくないようでは、ほかの人の仕事の妨《さまた》げにもなりますし、事務所や、工場や、教室の空気を悪くしますから、それだけその人の値打《ねうち》は値引《ねびき》されるのです。仕事はよくできる人だのに、なぜか出世できない人とはこういう人です。

ですから、出世したり、月給が上ったりするには、人に好《す》かれねばなりません。人に好かれる人になるにはどうしたらよいでしょうか。愉快《ゆかい》な明るい人にならねばなりません。愉快な明るい人というのは、騒ぎ廻《まわ》る人のことではありません。騒ぎ廻る人でも、人から嫌《きら》われる人もあるし、じっとしている人でも人から好かれる人もあります。そうすると人に好かれるにはコツがあるに相違《そうい》ありません。

## 人に好《す》かれるコツ

人に好かれるコツの一つは表情《ひょうじょう》にあるのです。表情というのは、その人の顔にあらわれている感じです。人の顔付《かおつき》、感じです。その人の顔を見ると何となしに好きになれる人と、何となしに嫌《きら》いになる人とがあるでしょう。この事は全《まった》く不思議《ふしぎ》な問題です。

皆さんは「私の顔は生れつきだから仕方《しかた》がない」とお考えになりますか。そうお考えになりますならば、それは間違《まちがい》です。顔の感じは常に変っているものです。今、あなたのお母さんが死にましたという電報《でんぽう》が来ましたら、あなたは悲しい顔をなさいます。その悲しい顔の感じはあなたが喜んでいる時の感じとは異《ちが》います。あなたが不平《ふへい》で膨《ふく》れている時の顔の感じと、あなたが深切《しんせつ》に赤ん坊をいたわっていられる時の顔の感じとは異《ちが》います。

## 不平《ふへい》を持つ人は出世《しゅっせ》せぬ

あなたは不平で顔を膨《ふく》らせている人の顔を見たことがあるでしょう。その人の顔を見ていると好《よ》い感じがいたしましたか、しないでしょう。不平で膨れている人の顔は誰《たれ》だって好きにはなれないでしょう。もしそうだったら、あなたが常に不平で顔を膨《ふく》らせている人だったならば、あなたは人から好《す》かれないし、出世《しゅっせ》もしないし、月給《げっきゅう》の上《あが》り方《かた》も少ないでしょう。

## 何にでも深切《しんせつ》な気持《きもち》の人は人に好かれる

これに反して、あなたが常に人々に対して深切な好意ある表情《かおのようす》をしていられましたならば、あなたに対《むか》った人は常にあなたから好《よ》い感じを受けましょう。あなたから好い感じを受けましたら、その対手《あいて》の人はあなたを好きにならずにいられないでしょう。あなたを好きになったら、その人はあなたに深切《しんせつ》にもしてくださいましょうし、また色々とお世話もして、出世《しゅっせ》に導いてもくださいますでしょう。

## 顔は生来《うまれつき》よりも習慣《しゅうかん》

では、皆さん、人に対《たい》したときには不平《ふへい》そうな膨《ふく》れた表情《かおつき》をしないで、深切《しんせつ》な、愉快《ゆかい》な相手を歓迎《かんげい》するような表情《かおのようす》をいたしましょう。しかし顔の様子《ようす》というものは、習慣《しゅうかん》になっているものですから、今、この人によく思われたいと思って愉快に深切に見せかけようとしましても、一時《いちじ》は努《つと》めてわざとそういう表情《ひょうじょう》ができるでしょうけれども、すぐ習慣のついた顔付《かおつき》に変るものです。ですから学校の先生は学校の先生みたいな顔付をしているし、大工《だいく》さんは大工さんの顔をしておられましょう。いつも怒っている人はこわい顔になりますし、いつも人に好《よ》い感じをもっている人は、また自分がよい感じの顔になりましょう。ですから顔の表情《ようす》をよくするには一時《いちじ》の付焼刃《つけやきば》では駄目《だめ》です。いつもいつも、深切《しんせつ》な、やさしい、快活《かいかつ》な、好意のある、誰《たれ》のためにでも思《おも》い遣《や》りのある心を持っていれば、そのような顔になるのです。

人相《にんそう》を観《み》れば、その人の運命《うんめい》が判《わか》るということが言われますが、それは顔にはその人の心が顕《あらわ》れているからなのです。人相というものが、生れつきで変らないものなら仕《し》方《かた》がありませんが、人相《にんそう》は変るもので、人相が変るだけその人の運命が変ってくるのです。そして人相をよくするのも、常日頃《つねひごろ》の心の持方《もちかた》によるのです。人間は運《うん》がよくなるのも、悪くなるのも、人相にあり、人相は心にあるのです。

## 私の母校《ぼこう》の校医《こうい》の話

私の出身《しゅっしん》中学は大阪の市岡《いちおか》中学(現在は府立《ふりつ》市岡高校)でありますが、私の在学中《ざいがくちゅう》その中学に校医をしていた別所彰善《べっしょあきよし》というお医者さんがありました。いつも青い元気のない顰《しか》め面《つら》をして、私などは、なぜあの人は、お医者さんならば自分の病気ぐらい治《なお》らないのだろうと思っていました。

あとで聞きますと別所彰善《べっしょあきよし》さんは、大阪医学専門学校《おおさかいがくせんもんがっこう》へ入学《にゅうがく》して生理衛生《せいりえいせい》を学び始めた頃から、食事に対して「こんなものはカロリーがない」とか、「こんなものは不消化《ふしょうか》だ」とか人間心《にんげんごころ》で考えるようになってから胃《い》が弱くなったということです。これは食べ物に不足《ふそく》の心が起ってきたからです。医学専門学校を卒業《そつぎょう》する頃になって肺炎《はいえん》になり、それは幸い治りましたが、つづいて慢性気管支炎《まんせいきかんしえん》になり、そのほか病気の問屋《といや》のようになってしまって、冬などは風邪《かぜ》の引きづめというような有様《ありさま》になり、風邪を引かぬようにと、冷水摩擦《れいすいまさつ》をやってみましたが、風邪が治るどころか胸背筋《きょうはいきん》リューマチと言って、胸《むね》の筋肉《きんにく》と背中の筋肉が痛《いた》むリューマチに罹《かか》ってしまったのです。医者だけにお手のもののあらゆる薬を応用《おうよう》し、あらゆる養生法《ようじょうほう》(編註・健康を保つための方法)をやってみるけれども健康《けんこう》はよくならないのです。医学から見ると、「あれも病気には悪い」「これも病気には悪い」と食物《しょくもつ》に不平《ふへい》を言っていると、もう別所《べっしょ》さんには食べるものがなくなりました。一切の不消化物《ふしょうかぶつ》を食べぬようにし、沢庵一切《たくあんひときれ》――茄子漬一片《なすづけひときれ》さえ摂《と》らぬようにしていましたが、三百六十五日一度としてお腹《なか》の空《す》いた事はない。おまけに、あの食べ物も悪い、この食べ物も悪いと言って、食べ物の好き嫌いをするので脚気《かっけ》に罹《かか》ってしまい、便通《べんつう》がないと胸《むな》ぐるしくなるので、毎日毎日舎利塩《しゃりえん》という薬を服《の》んでいましたら、とうとう神経衰弱《しんけいすいじゃく》に罹《かか》ってしまいました。

神経衰弱は今の医学《いがく》では完全に治《なお》る薬はありません。せめて浮世《うきよ》はなれて、景色《けしき》のよいところで別荘暮《べっそうぐら》しでもして頭を使わずにいられたら、神経衰弱《しんけいすいじゃく》も治ったかも知れませんが、別所《べっしょ》さんにはそんな贅沢《ぜいたく》をするお金はありませんでした。ところが、その頃どうしたのか別所さんの奥さんが、ヒステリーになって良人《おっと》たる別所さんに当り散らすのです。ヒステリーというと女の神経衰弱の昂《こう》じたので、周囲の人にガミガミ言って誠《まこと》にうるさい病気です。別所《べっしょ》さんは、せめて「家内《かない》のこのヒステリーでも治ってくれたら自分のこの神経衰弱も治るだろうにな」と思うのでありますが、奥さんのヒステリーを治す薬も、神経衰弱を治す薬も、医学の方《ほう》にはありませんので、別所さんはますますイライラするばかりでありました。

別所《べっしょ》さんは、自分の病気は周囲の人や物が悪いから治《なお》らないのだと思っていましたが、そう考えている間じゅうは別所《べっしょ》さんの病気は治りませんでした。

## 医術無力《いじゅつむりょく》

しかし、別所さんにも救いの手がまいりました。或《あ》る日、別所さんが机に対《むか》って本を読んでいますと、「医者《いしゃ》よ、汝《なんじ》みずからを医《い》やせ」と書いてありました。別所さんはびっくりしました。自分は医者であるのに、自分の胃病《いびょう》も治し得《え》ないし、自分の神経衰《しんけいすい》弱《じゃく》も治し得ない。それだのに胃病の人には胃病の薬をやり、神経衰弱の人には神経衰弱の薬をやっている。それは自分自身をすら治し得ない薬を、この薬で治し得《う》るというような顔をして売っていたのだ。何というインチキな自分であっただろうか。もう医者を辞《や》めて田舎《いなか》へでも引込《ひっこ》もうか。しかし腕力《わんりょく》がないから百姓《ひゃくしょう》もできない。……ああ、どうしたら好《よ》いだろうか。

## 凄《すご》い男の顔

別所《べっしょ》さんはふと読んでいた書物《しょもつ》から目を外《そ》らして他《ほか》を眺《なが》めますと、そこに何という嫌《いや》な顔付《かおつき》の男がいて自分の顔を見ていることでしょう。眉《まゆ》と眉との間に凄《すご》い皺《しわ》が竪《たて》によって、イライラとした眼《め》からは火花のような鋭い光が、別所さんを咎《とが》めるように睨《にら》みつけています。額《ひたい》から顔一面《かおいちめん》にかけて暗黒が翳《かぶ》さったような陰気《いんき》な、見るからに不快《ふかい》な気持《きもち》の男なのです。別所さんはこの男の顔をじっと睨《にら》みつけていました。「お前だな、わしを呪《のろ》っていたのは。お前だな、わしを不幸にしていたのは。」別所さんはその男に「そこを去れ、お前のような男は嫌《きら》いだ！」と一喝《いっかつ》しようとしました。別所さんは手をあげました。その男も手を挙《あ》げました。「何じゃ、お前は、わしの影法師《かげぼうし》か、わしの姿が鏡《かがみ》に映《うつ》っていたのだな」、別所さんは心のうちに呟《つぶや》いてジッと考え込みました。

「わしは、あの鏡《かがみ》の中に映《うつ》っていた自分の姿に、『お前のような男は嫌《きら》いだ、去れ！』と呶鳴《どな》りつけようとした。今まで人が私に深切《しんせつ》にしてくれないので、自分は人を恨《うら》み、人を呪《のろ》い、何故《なぜ》、よその人は自分に深切にしてくれないのか。私はこれまで人と交《まじ》わるには誠《まこと》を尽《つ》くして来たつもりだのに、誰《たれ》も彼も自分を毛嫌《けぎら》いするようで不快《ふかい》で不快で堪《た》えられなかった。ところが、自分でも鏡に映った自分の姿に『お前のような男は嫌いだ』と言おうとしていた。それは無理《むり》もない話だったのだ。どこが私の姿をこんなに人に嫌われるようにしたものか。」

別所《べっしょ》さんは、もう一度鏡の中の自分の姿を眺《なが》めました。「この自分の顔のどこから、こんな不快な感じが立ちのぼるのか。」別所さんは眉《まゆ》と眉との間に深い竪溝《たてみぞ》がつくられていることに気がつきました。眉《まゆ》と眉との間に皺《しわ》をよせる癖《くせ》を直《なお》してみよう。別所さんは鏡に向っていろいろと工夫《くふう》をしました。習慣《しゅうかん》になっているので、ともすれば眉に皺《しわ》がよります。眉根《まゆね》をひろげて鉢巻《はちまき》をしてみたり、両方のこめかみに絆創膏《ばんそうこう》を貼《は》って眉を両方へひろげてみたりしていろいろ工夫されました。

毎日眉《まゆ》を伸《の》ばして、心を愉快《ゆかい》に愉快にするようになりましたら、今まで別所《べっしょ》さんに不《ふ》深切《しんせつ》であった人が深切にしてくれるようになりました。人が自分に不深切だと思っていたが、本当は自分の顔の感じが悪かったのだとわかりました。自分の顔の感じが悪いのは、いつも不平《ふへい》で暗い暗い思いをしていたからだと判《わか》りました。そして心を明るくして楽天的《らくてんてき》になるとともに、夜もよく眠れるようになり、僅《わず》か二ヵ月もたたぬうちに神経衰弱《しんけいすいじゃく》が治《なお》ってしまいました。やがて胃病《いびょう》も治る時が来ました。……ただ眉と眉との間を伸ばすだけで医学《いがく》で治らなかったこれだけの病気が治った。むろん、人相《にんそう》もよくなったのです。そこで考えられたのは眉《まゆ》を伸ばす健康法《けんこうほう》です。別所さんはこの健康法でどれほど多くの人を救《たす》けたか知れません。そしてこの健康法でお金を儲《もう》けて数十万（編註・昭和十年代の貨幣価値で、現在の数億円以上に当たる）の資産《しさん》を造り、今（編註・昭和四十七年当時）では精常会《せいじょうかい》という財団法人《ざいだんほうじん》になっているということです。もちろん、やがて奥さんのヒステリーも治りましたし、眉を一つ展《の》ばし、気持《きもち》のよい人間になるだけのことで、こんなに人間は健康《けんこう》にもなれば、運命《うんめい》も開けてくるものです。皆さんは何よりも人から見て気持のよい人間にならねばなりません。

# 第十三章　詩の朗読《ろうどく》による将来《しょうらい》の運命《うんめい》の生かし方

昭和《しょうわ》のはじめの頃《ころ》のことです。東京駅頭《とうきょうえきとう》にあった美松《みまつ》というデパートが閉《し》められてその後《あと》に、美松食堂別名《べつめい》「味《あじ》の美松《みまつ》」といって有名な百貨店《ひゃっかてん》全体が食堂になっている店が開かれたことがあります。あそこの開店最初の支配人《しはいにん》に雇《やと》われた人に徳山《とくやま》さん（仮名《かりのな》）といわれる人があったのであります。この徳山さんという人は、生長《せいちょう》の家《いえ》の京都支部をしておられます石川貞子《いしかわていこ》さんの旧《ふる》くからの馴染《なじみ》の友達であるのです。ところが、この徳山さんは同志社《どうししゃ》出身《しゅっしん》の方《かた》でありまして、今までいろいろな仕事をしてこられた。或《あ》る時には商館《しょうかん》の番頭《ばんとう》をしてみたり、或る時には落ちぶれて関東煮屋《かんとうにや》（編註・おでん屋）になったり、或る時には植木屋《うえきや》になったり、色々さまざまな艱苦《かんく》を嘗《な》めてこられた人で、ほとんど世の中のことは何でも知らぬことはない。そのくらい何でもできる人であるのに、出世《しゅっせ》ができないで赤貧洗《せきひんあら》うがように苦しい生活を送っておられたのです。そうして奥さんになっておられた方《かた》は肺結核《はいけっかく》になって血を喀《は》いておられたのです。ところが或る日のこと、その奥さんの所へ生長の家のパンフレットが行《い》ったのです。その奥さんが生長の家のパンフレットを読んでごらんになると、病本来無《やまいほんらいな》しということが悟《さと》れて、今まで血を喀《は》いておられたのが元気を取戻《とりもど》してだんだん健康《けんこう》になって来られたのです。その時に良人《おっと》の方《ほう》の徳山《とくやま》さんも、誰《たれ》からか生長《せいちょう》の家《いえ》のパンフレットを貰《もら》ったのだそうです。それを読んでみると、これは素晴《すば》しい。読むに従って心が引立《ひきた》ってくる。貧乏《びんぼう》に押しつめられて暗い思いで悲観《ひかん》しておられたのが、「大《おお》いにやるぞ！」というような勇気《ゆうき》が湧《わ》いて来るのでした。読み物ぐらい大切なものはない、読み物の種類によって、悲しくなって死にたくなったり、嬉《うれ》しくなって、大いにやるぞ！　という勇気が湧いて来たりするのです。今まで悲観しておられた徳山さんは嬉しくて耐《たま》らない。そこで「お前これ読んでごらん」と言って奥さんに見せられたのです。すると、奥さんが、「これなら私も人から貰《もら》いまして読みましたら、私はこんなに病気がよくなりました」という話なのです。ところがこの生長の家のパンフレットというのは、革表紙《かわびょうし》の『生命《せいめい》の實相《じっそう》』の約二十分の一ほどを分けて一冊のパンフレットにしたものでしたから、原本《げんぽん》の部厚《ぶあつ》い本が欲《ほ》しくて仕方《しかた》がないというので一所懸命《いっしょけんめい》お金の苦面《くめん》をして、やっと革表紙の『生命の實相』をお買いになったのであります。すると革表紙の『生命の實相』の終《おわり》のところに「生長《せいちょう》の家《いえ》の歌」といって、力強い美しい言葉で書き綴《つづ》った詩をあつめた所があります。徳山《とくやま》さんは同志社《どうししゃ》におられた頃《ころ》から詩の朗詠《ろうえい》が大変好きでありましたが、毎朝、生長《せいちょう》の家《いえ》の歌の中の「生きた生命《せいめい》」という詩と、「夢を描《えが》け」という詩を読むことが好きで好きで仕方《しかた》がなくなったのです。読むと力が出てくるのです。「生きた生命《せいめい》」の方《ほう》の詩の一部を皆様に御紹介《ごしょうかい》いたしましょう。皆様もこれをお読みになると勃然《ぼつねん》と勇気《ゆうき》が湧《わ》いてきて、明るい人はいよいよ明るく、失意《しつい》に沈む人も、再びこの世に希望が湧いてくるでしょう。

生きた生命《せいめい》

名乗《なの》れ、境遇《きょうぐう》に屈従《くつじゅう》する卑怯者《ひきょうもの》は誰《たれ》だ。
誰がわが生命《せいめい》を食べ物でこねあげた塊《かたまり》だと思っているのだ。
生命《せいめい》は蝋細工《ろうざいく》ではないぞ。
石膏細工《せっこうざいく》でもないんだぞ。

おれは旋風《せんぷう》だ。
颶風《ぐふう》だ。
渦巻《うずまき》だ。
おれは環境《かんきょう》を
徐々《じょじょ》にわが望みのままに
飴《あめ》のように
捻《ね》じまげる。
俺《おれ》は宇宙を造った大《おお》いなる力と一つの者だ。
おれは空中電気《くうちゅうでんき》を雷《かみなり》に変じ、
太陽の光を七色《なないろ》の虹《にじ》に変じ、
真黒《まっくろ》な土から燃えるような赤い花を咲かし、
火山を爆発さし、
あの不思議《ふしぎ》な星雲《せいうん》から、

太陽系《たいようけい》を生んだところの大《おお》いなる力と一つの者だ。
環境《かんきょう》が何だ、
運命《うんめい》が何だ、
おれはおれの好きな時が来れば
鰻《うなぎ》が石垣《いしがき》の間から脱《ぬ》け出すように、
どんな苦《にが》い運命からでも脱《ぬ》け出すのだ。
…………

毎日、朗々《ろうろう》とした徳山《とくやま》さんのこうした詩の朗読《ろうどく》の声が、朝の澄《す》み切った空気を顫《ふる》わせて響いてきますと、徳山さん自分自身の魂《たましい》は振《ふる》い起《た》つのでした。「必ず良《よ》い運命《うんめい》が来るぞ。『生命《せいめい》の實相《じっそう》』の本の中には、心に描《えが》いて心を明るくして待つものは必ず実現すると書いてあった。」

こう徳山さんは勇《いさ》み立たずにはいられませんでした。ところが、徳山さんが心の中に

「必ず良《よ》い事が来るぞ」と描いていた種は、とうとう芽を吹き生長《せいちょう》する時が来ました。

　或《あ》る朝、例の通り徳山《とくやま》さんは詩の朗読《ろうどく》を終って、貧《まず》しい生活のうちにも心だけは勇《いさ》んで、奥様も次第《しだい》に健康《けんこう》になってくるのを喜びながら、フト新聞を開いて御覧《ごらん》になると、「英語、及独逸語《およびドイツご》に達者《たっしゃ》であって、料理店の経営に興味《きょうみ》があり、広告文《こうこくぶん》の上手《じょうず》な人が要《い》る」という、なかなか難《むつ》かしい注文《ちゅうもん》の広告が載《の》っておったのであります。徳山さんは、これは自分に打ってつけの注文の広告だと思って、広告の出《だ》し主《ぬし》のところへ行ってみると、それは或《あ》る口入屋《くちいれや》（職業をあっせんした業者《ぎょうしゃ》）から広告していたのであります。その口入屋《くちいれや》の主人が言うのに、「もう三十人ばかり、履歴書《りれきしょ》を持って来た人があって、今、人数を締切《しめき》って雇主《やといぬし》の方《ほう》へ連れて行ったからもう駄目《だめ》です」と言うのです。しかし徳山さんはそんなことで黙って引きさがるような人でなかった。と言うのは、徳山さんは『生命《せいめい》の實相《じっそう》』を読んで「押《お》しの力《ちから》」の生き方に徹底《てってい》していられたからです。生長《せいちょう》の家《いえ》の生き方の中に「思いきりよく、押し強く、勇敢《ゆうかん》に断行《だんこう》せよ」という一ヵ条《いっかじょう》があります。ちょっとぐらい邪魔物《じゃまもの》があったからとて退却《たいきゃく》するようでは何事も成功はできないのであります。どんな障礙《しょうがい》にも屈《くつ》せずに勇敢《ゆうかん》にどこどこまでも進んで行く。暗いことを考えたり、取越苦労《とりこしくろう》をしたり、心の中でモジャモジャ思いながら引込思案《ひっこみじあん》のようなことはしてはならないのです。

そこで徳山《とくやま》さんは口入屋《くちいれや》さんが、「もう締切《しめき》ってしまったから、駄目《だめ》だ」と言ったけれども、中々《なかなか》黙って引込《ひっこ》んではいないで、「一体《いったい》その広告を出した店は何という店ですか」と、どこ迄《まで》も押し強く訊《き》いて止《や》まないのです。そこで、口入屋《くちいれや》は仕方《しかた》なく、「道頓《どうとん》堀《ぼり》の赤玉《あかだま》という一番大きなカフェー（編註・昭和初期には、洋酒を提供する飲食店を指した）ですよ」と申《もう》しました。徳山さんは得《え》たり賢《かしこ》し（編註・しめた、うまくいった）と、「道頓堀の赤玉の主人なら僕《ぼく》は知っている。『文藝春秋《ぶんげいしゅんじゅう》』という雑誌に『立志伝中《りっしでんちゅう》の人物（編註・伝記が書かれるほど苦労して成功した人物）である』と褒《ほ》めておったことがある。あの男なら、一遍《いっぺん》会ってくれたら私を雇《やと》ってくれるに違《ちが》いないから、ぜひ伴《つ》れて往《い》ってくれ」と、どこどこまでも押しつよく頼みました。そうして到頭《とうとう》、口入屋《くちいれや》を言いまかせて、広告主《こうこくぬし》の東京の店へ連れて行って貰《もら》いました。

もう前《さき》に連れて行った三十人はみんな同じ部屋《へや》に入れられて、何か試験問題《しけんもんだい》の答案《とうあん》を書いているのです。徳山《とくやま》さんは後《あと》から行ったお蔭《かげ》で、別に静かな一つの部屋に入れられて試験問題が出たのです。前《まえ》の三十人は、何だかジャズの蓄音機《ちくおんき》のかかっているガヤガヤした部屋に入れられて答案を書いているから気が散《ち》って旨《うま》く書けない。徳山さんは後《あと》から行ったお蔭《かげ》で、ジャズも何も聞えない非常に静かな部屋で思う存分《ぞんぶん》答案を書くことができました。そしてその成績《せいせき》が素晴《すば》しいので、いっぺんに「味の美松《あじのみまつ》」の支配人《しはいにん》に上《あ》げられたのです。「必ず自分には良《よ》いことが来るぞ！」と、常に自分の心の中に徳山さんは言って聞かせておりましたから、それがとうとう実現《ほんとにあらわ》れたのです。心に言って聞かせて信じつづけて待っている者は、必ず、それが出て来るのです。心がすべての造《つく》り主《ぬし》であるからです。

徳山さんはルンペンから一躍《いちやく》して、日本一の大きい料理屋の総支配人《そうしはいにん》になったのでした。また出世《しゅっせ》するような人は異《ちが》います。恩《おん》を忘れず、感謝《かんしゃ》の心を失わないのです。徳山さんは「自分はこの谷口《たにぐち》先生の『生命《せいめい》の實相《じっそう》』という本に出遭《であ》ったからこそ、こういうふうに急に運命《うんめい》がよくなって、一躍《いちやく》こうした高い位置に置かれたのだ。自分の心に言ってきかせて、自分の心の力でなったようなものだけれども、心の力の使い方を教えて貰《もら》ったのは谷口《たにぐち》先生である。一度先生にお会いしてお礼を申《もう》したい」ということをいって私を招待《しょうたい》されましたので、或《あ》る日私は京都の石川貞子《いしかわていこ》さんと一緒《いっしょ》に「味《あじ》の美松《みまつ》」を訪れました。

徳山《とくやま》さんは、広い「美松」の食堂の南洋風景《なんようふうけい》を真似《まね》て棕梠竹《しゅろちく》などを植えた静かな片隅《コーナー》へ私たちを連れて往《い》って、私たちに珍《めずら》しい料理を御馳走《ごちそう》してくださったのち、「先生、私にあの詩の朗読《ろうどく》させてください。私は、あの詩を先生の前で歌って先生に聴《き》いていただきたいのです」と言って、黒革表紙《くろかわびょうし》の聖書型《せいしょがた》の『生命《せいめい》の實相《じっそう》』の本を披《ひら》いて、あの「夢を描《えが》け」の私の作った詩を私に朗読して聴かせてくださいました。徳山さんの朗々《ろうろう》として澄《す》み切った詩の朗読の声は、南洋の島の一隅《いちぐう》かと思われる室《へや》の隅《すみ》に、まるで別世界の空気のような韻《ひびき》を立てて広がって行《ゆ》きました。私は、私の書いた詩がこんなに力強い、そして美しいものであるということを、徳山さんの朗読によって初めて知らされたのでした。私は恍惚《うっとり》とそれを聴《き》いていました。皆さんもこれを聴いて希望と勇気《ゆうき》を振《ふる》い起《おこ》してください。徳山さんの歌う声！

夢を描《えが》け

若《わか》きと老《お》いたるとを問《と》わず
兄弟よ、夢を描《えが》け、
蜃気楼《しんきろう》よりも大《おお》いなる夢を。
夢はあなたの肉体《にくたい》を超《こ》えて虚空《こくう》にひろがり、
ひろくひろく宇宙にひろがる雲となって、
あなたをより高き世界へ
あま翔《か》けらす大いなる翼《つばさ》となるであろう。
…………
あなたの心は夢をえがくことによって

天地《てんち》をつくった偉大《いだい》なる心と一つになるのだ。
兄弟よ、
悲しみに打たれるな。
打たれても起《お》き上《あが》れ。
描《えが》いた夢が破れても
あなたはまだ夢を描《えが》く自由はあるのだ。
自分にまだ偉大《いだい》な力が残っていると想像《そうぞう》せよ。
夢を描《えが》くものにとっては
此《この》世界は常に新天新地《しんてんしんち》である。

…………

詩はまだ続くが、ここにはこれだけしか書かない。詳《くわ》しく知りたい人は、私の著書《ちょしょ》『ひかりの語録《ごろく》』(『生命《せいめい》の實相《じっそう》』愛蔵版《あいぞうばん》では第十巻、頭注版《とうちゅうばん》・携帯版《けいたいばん》では第二十巻に収《しゅう》録《ろく》）を読んでください。そして言葉の力で心に言ってきかせた通りに運命《うんめい》をよくしていただきたいものです。

# 第十四章　表情動作《ひょうじょうどうさ》の生かし方

## 動作《どうさ》を丁寧《ていねい》に、表情《ひょうじょう》を深切《しんせつ》に

運命《うんめい》をよくするには常に善《よ》き言葉を使い、身体《からだ》の動作を深切丁寧《しんせつていねい》にしなければなりません。丁寧にお辞儀《じぎ》をしたら損《そん》をするとか、自分が相手より下のものだと思われて恥《はず》かしいとか考えるのは間違《まちがい》です。世の中の人は、表情や身体《からだ》を深切丁寧にする人をかえって、「あの人は偉《えら》い人だ」と賞《ほ》めるのです。これに反して「あいつは馬鹿《ばか》だ、ろくろく言葉の使い方も知らない、お辞儀をする術《すべ》も知らない」と言って人から軽蔑《けいべつ》せられるのは、言葉使《ことばづか》いのぞんざいな人や、身体《からだ》の動作に深切があらわれていない人です。こんな人の運命はよくなりません。こんな店員や社員を使っている店や会社は繁昌《はんじょう》いたしません。繁昌するには社員店員の訓練《くんれん》を怠《おこた》ってはなりません。

## 丁寧《ていねい》な動作《どうさ》の癖《くせ》をつけるには

子供に限らず、大人《おとな》でも頭を下げることを屈辱《はずかしいこと》のように思っている方《かた》がありますが、そんな方は一度自分の全身が映《うつ》る鏡《かがみ》の前に立って、にこやかに微笑《びしょう》して丁寧《ていねい》にお辞《じ》儀《ぎ》して鏡の中を御覧《ごらん》なさい。どのくらい自分が上品《じょうひん》に気高《けだか》く立派《りっぱ》に見えましょう。こんな自分なら尊敬《そんけい》してよいと、我《われ》ながら自分が好きになるでしょう。その次に、今度は、いやいや無理《むり》にちょっと頭を下《さ》げた時のことを想出《おもいだ》し、その時の気持《きもち》でぞんざいにちょっと頭を下げて、その映る姿を鏡に映して御覧なさい——自分の恰好《かっこう》がどんなに不《ふ》快《かい》な気持の悪い様子《ようす》である事かが判《わか》りましょう。我《われ》ながら、「こんなキザな恰好をする奴《やつ》は嫌《きら》いだなア」とお考えになるでしょう。あなた自身すら「嫌いだなア」とお考えになるくらいなら、他《ひと》から見たら一層嫌《いっそうきら》われるにきまっています。そんな人から嫌われるような店員のいる店は繁昌《はんじょう》しません。皆さん、「ああ、あの人は上品で気尚《けだか》くて深切《しんせつ》だ、尊敬《そんけい》したくなる」というようなお辞儀《じぎ》の仕方《しかた》や身体《からだ》の動作《どうさ》を鏡《かがみ》の前で稽古《けいこ》しておいて、その気持《きもち》を忘れないで、人を出迎え、物言う時に、その通りに丁寧深切《ていねいしんせつ》になさいませ。店主《てんしゅ》から賞《ほ》められ、その店は栄え、皆さん自身も出世《しゅっせ》します。

店でも会社でも自分の家でも同じことです。

善《よ》いことをするのは決して恥《はず》かしい事ではありません。

## 玄関番《げんかんばん》が大切です

玄関番ぐらいだから、出来《でき》の悪い人をおいて差支《さしつか》えないと思う人があるかも知れませんが、会社商店《かいしゃしょうてん》の玄関番に言葉動作《どうさ》の不丁寧《ふていねい》な人を置くほど損《そん》なことはありません。会社商店の玄関は人間にすれば顔です。顔に墨《すみ》を塗《ぬ》って人に面会《めんかい》する人はないでしょう。訓練《くんれん》の足《た》りない給仕《きゅうじ》(編註・雑用などをする使用人のこと)を玄関に置いて初めての人に会わせるのは、顔に墨に塗って人に会うのと同じことです。店の信用を墜《おと》し、会社の信用を失います。給仕《きゅうじ》ぐらいだから、言葉使《ことばづか》いやお辞儀《じぎ》のしようはどうでもよいと思っていてはなりません。そんなことでは給仕もつとまりません。私はこれまでいろいろの種類のいわゆる偉《えら》い人にも会いましたが、そんな人ほど言葉が優《やさ》しく、お辞儀《じぎ》が丁寧《ていねい》です。なるほど偉くなる人は異《ちが》うものだと感心《かんしん》いたしました。

## 一寸《ちょっと》したことで人間の運《うん》が変る

世の中には学問《がくもん》も良《よ》くでき、立派《りっぱ》な才能《さいのう》を有《も》ちながら、運が悪くて、勤《つと》め先《さき》をあちらへ更《かわ》り、こちらへ更《かわ》り、しまいには落ちぶれて働く先もなくなるような人があります。そんな人はたいてい、気が短くて、言葉使いに深切《しんせつ》がなく、身体《からだ》の動作《どうさ》に礼儀正《れいぎただ》しさのない人です。

礼儀作法《れいぎさほう》は女だけの習うものではありません。礼儀作法は男にも必要です。人間の値《ね》打《うち》を智慧《ちえ》や学問ばかりにあると思うのは間違《まちがい》です。尚《なお》それよりも態度《たいど》の優美《ゆうび》ということは、何よりも必要な人間の値打《ねうち》です。最初はどういう態度《たいど》が美しいかは、鏡《かがみ》を見て稽古《けいこ》をなさるのもよろしい。どの程度に微笑《びしょう》する事が相手に気持《きもち》のよい感じを与えるか、十分研究《けんきゅう》して置いて相手に快い気持《きもち》を与える稽古《けいこ》をなさい。「そんな詰《つま》らないことを研究するよりも、本を読む方《ほう》が偉《えら》くなる」とお考えになるかも知れません。しかしあなたがいくら偉くなっても、姿態《かおかたち》はあなた自身の玄関《げんかん》のショーウィンドーです。ショーウィンドーが埃《ほこり》だらけでは、いくら家の中に上等《じょうとう》の品物があっても、中まで入って買ってくれないでしょう。あなたの中味《なかみ》の値打《ねうち》がどれほど偉くても、言葉態度が下手《へた》では、その中味の値打を出す時が来ないのです。中味はどんなに美味《おい》しい御馳走《ごちそう》でも、泥《どろ》まみれにしたら誰《たれ》でも食《た》べ手《て》がないでしょう。せっかく立派《りっぱ》な才能《ちえちから》を有《も》ちながらも、言葉態度《ことばたいど》に深切丁寧《しんせつていねい》さがなくては、せっかくのよい御馳走を泥まみれにして出すのも同じことです。これではどんなに才能《さいのう》ある人でも立身出世《りっしんしゅっせ》はいたしません。これではどんな中味の立派な店でも会社でも繁昌《はんじょう》いたしません。

## 「形」と共に「心」を深切《しんせつ》にせよ

と言って、言葉態度《ことばたいど》の美しさは形ばかり真似《まね》ても、真似ないよりはよろしいが、それだけでは本当に言葉態度が良《よ》くなりません。心に気品《きひん》を持ち、心に優《やさ》しさを持ち、心に深切《しんせつ》を本当に持たないで、言葉や形ばかりを真似たのでは、どうしても嘘《うそ》らしい空々《そらぞら》しさが見え透《す》いて人が感心《かんしん》するものではありません。何よりも必要なのは本当に深切な心持《こころもち》です。「あの人によい思いをさせてあげたい、あの人をよい気持《きもち》にさせてあげたい、どんな人にも不快《ふかい》な気持をさせたくない。」こういう気持を持つように日々《にちにち》心掛《こころが》けておれば自然に言葉態度が優《やさ》しく深切に、誰《たれ》にとっても気持がよくなれるのです。

## 電話一つで会社が判《わか》る

或《あ》る会社へ電話を掛《か》けましたら、小使《こづかい》さんが実《じつ》にゾンザイな返事をいたしました。また次の会社へ電話を掛けたら、その会社の小使さんはたいへん丁寧深切《ていねいしんせつ》な言葉で返事をいたしました。先の会社は「あんな会社は駄目《だめ》だ」と信用を墜《おと》しました、後《あと》の会社は「小使さんでさえあれだから、よほど好《よ》い会社に違《ちが》いない」とたいへん信用を博《はく》しました。小使さんだって馬鹿《ばか》にできません。小使さんでも本当に立派《りっぱ》な小使さんなら、その会社の大変よい広告《こうこく》になります。毎年広告費に何百万円と支払う会社にとっては、本当によい小使さんなら、小使さんにだって何百万円の月給《げっきゅう》を支払っても惜《お》しいことはないのです。しかし残念ながら、小使さんにそれほどの人がないので出世《しゅっせ》しません。電話で入学願書《にゅうがくがんしょ》を出す日をきいたところ、一つの学校は小使さんがゾンザイに返事をしたので、その学校をやめて、小使さんが深切《しんせつ》に返事をした方《ほう》へ入学願書を出したという話があります。

## 或《あ》る小使《こづかい》さんの話

或る日、二人の小使さんが早く出勤《しゅっきん》して雪道《ゆきみち》の雪をシャベルで掻《か》き分けていました。それは大変感心《かんしん》なことで、もし社長がそれを見ていたら、その半期《はんき》の賞与《しょうよ》を沢山《たくさん》くれたかも知れません。しかしその時一人《ひとり》の技術部《ぎじゅつぶ》の社員が出勤して小使さんがその部屋《へや》にいないので腹を立てて、窓から覗《のぞ》いて見ると、そこに小使《こづかい》さんが雪掻《ゆきかき》をしているので、大声で「オイ！　お茶を持って来い」と呶鳴《どな》りました。

「ハイ」と言って、小使さんの一人は雪掻《ゆきかき》を止《や》めてお茶を淹《い》れて持って来ましたが、心の中では不平《ふへい》で堪《たま》りません。それで自分の位置に近い工場の工員《こういん》たちに会う毎《ごと》に、「技《ぎ》術部《じゅつぶ》の社員は学校出《がっこうで》だと思って威張《いば》っている。人が会社のために雪を掻《か》き分けているのに、遅くから来て人に茶を淹《い》れろって呶鳴《どな》りやがった。雪を分ける方《ほう》が会社の仕事か、茶を飲むのが会社の仕事か」と言って不平小言《ふへいこごと》を言うようになりました。

弱い者に同情《どうじょう》するのが人情《にんじょう》です。工員《こういん》たちは技術部《ぎじゅつぶ》の技師《ぎし》たちの言うことを諾《き》かなくなり出しました。何かその技師が工員に言いつけると、工員たちは口の中でブツブツ言って、命令された通りしません。工員が何を口の中で言っているかと耳をすましてよく聴《き》くと、

「ヘン、茶を飲むのと仕事をするのとどちらが会社のためか！」と言っていました。間もなく全工員の同盟休業《ストライキ》が始まりました。

会社は大騒《おおさわ》ぎです。世間《せけん》に対する信用《しんよう》はなくなります。製品《せいひん》は売れなくなります。元《もと》はと言えば、一人の小使《こづかい》さんを軽《かろ》んじたことから始まったのです。もし、あの時、あの技術部の社員が、小使さんに、

「君、早くから雪分《ゆきわ》けしてくれて済《す》まないな、ありがとう。僕《ぼく》もひとつ手伝ってあげようか」というような気持《きもち》だったら、こんな大騒動《おおそうどう》は起らなかったでしょう。

又《また》、もし小使さんが、どんなに上役《うわやく》の社員から言われても不平《ふへい》を言わずに、何事でも

ハイハイと柔順《じゅうじゅん》にやっていたら、こんな大騒動《おおそうどう》は起らなかったでしょう。深切《しんせつ》の心と、善《よ》き言葉使《ことばづか》いと、この二つが無《な》かったために、この会社は潰《つぶ》れるほどの大騒《おおさわ》ぎが起ったのです。あなたの会社はどうですか。お考えください。

## 社員互いに悪口《わるくち》言うな

その社員ばかりが悪いのではありません。その小使《こづかい》さんも悪いのです。「一つの会社の空気を悪くするには、ただ一人《ひとり》のブツブツ言う給仕《きゅうじ》がおれば十分《じゅうぶん》だ」と、産業能率《さんぎょうのうりつ》研究所長《けんきゅうしょちょう》の上野陽一《うえのよういち》氏は言っています。どんな深切《しんせつ》な行《おこ》ないをしても、それを恩《おん》に着せがましく、「私がこんなにしているのに、あいつはこうだ」と、後《あと》から社員の悪口《わるくち》を言うようでは最初から雪道《ゆきみち》を明《あ》けない方《ほう》がましです。雪道を明けないでも、放《ほう》って置けば雪は消えて無《な》くなります。あとから言う小言《こごと》は絶《た》え間《ま》なく降《ふ》り積《つ》って、ついには会社の信用《しんよう》をさえ埋《うず》めてしまうのです。

こんな小使《こづかい》さんは実直《じっちょく》でよく働くようでも、言葉で不平《ふへい》を言うから、結局《けっきょく》会社のためになりません。

## こんな社員は社《しゃ》の為《ため》にならぬ

その社員が一人《ひとり》その部屋《へや》にいるだけで、社の空気が悪くなる人があります。

その一人《ひとり》は陰気《いんき》な暗い顔をした人です。

その一人は常にブツブツ不平小言《ふへいこごと》を言っている人です。

その一人は上役《うわやく》や同僚《どうりょう》の陰口《かげぐち》を言う人です。「これは内証《ないしょう》ですよ」と言って仲間《なかま》の秘密《ひみつ》をあちこち伝え歩く人です。

そんな人でも自分が常にブツブツ不平小言陰口《ふへいこごとかげぐち》を言いながら、自分で気づかぬ人があります。今皆さん、「自分はどうだ?」と振返《ふりかえ》って考えて御覧《ごらん》なさい。そして自分にそんな性質《せいしつ》があると思ったら直《す》ぐ改《あらた》めなさい。

## 大穴《おおあな》よりも小孔《こあな》が恐ろしい

自分のものだと思うと一枚の紙でも大切にするくせに、会社のものだと思うとゾンザイに使って平気でいる人があります。自分の宅《たく》では十ワットの電灯《でんとう》でももったいないといって消して寝る人が、会社のものだと思うと、百ワットでも二百ワットでも不要《ふよう》になっても点《とも》して置く人があります。

自分が金を払わねばならぬから大切にする。自分が金を払わなくてよいから粗末《そまつ》にする。こういうやり方の人は出世《しゅっせ》のできぬ人です。何でも物を生かして使うようでないとその人は出世しません。自分が金を払うときでも入用《にゅうよう》なら二百ワットの電灯《でんとう》でも使うし、会社が金を払うときにでも不要《ふよう》なら五ワットの電灯でも無駄《むだ》にせぬというようでないと、物を生かして使うとは言えません。

時間でもわずかな時間を上手《じょうず》に使って勉強する人は偉《えら》くなるし、花の蜜《みつ》でもわずかな一滴《いってき》を集め得《う》る蜜蜂《みつばち》でこそあれほどの蜂蜜《はちみつ》を貯《たくわ》え得《う》るのです。少しだからとて無駄《むだ》にすることは、思いがけない大きなものを捨《す》てていることがあるものです。誰《たれ》でもバケツ一杯の清水《せいすい》は無駄には捨てませんが、バケツに孔《あな》が明《あ》いていれば、いつの間にかそのバケツが空《から》になっているものです。大きな穴《あな》より小さい孔《あな》が恐ろしいのです。底ぬけの器《うつわ》には誰《たれ》でも警戒《けいかい》して水を入れませんが、小さい漏《もれ》のある器には気がつかないで物を入れて、いつの間にか無《な》くなっていることがあります。大きな穴《あな》より小さい孔《あな》が恐ろしいのです。

小さく貯えて大きく使う人が偉《えら》くなるのです。これはお金だけではありません。智慧《ちえ》でも同じことです。毎日怠《おこた》らず良《よ》き本を読んで少しずつ進歩して置いた者が、イザという時に大きな仕事ができるのです。

## 一人《ひとり》にでも悪く思われるな

一人の人にでも、「あいつ気にくわぬ」と思われるようになってはなりません。せっかく、立派《りっぱ》な才能《さいのう》を有《も》ちながら、一人の人から「気にくわぬ」と思われているために、せっかくあの人を部長《ぶちょう》にしたいと思っても部長にしてあげられないことが度々《たびたび》あります。これは大変残念なことです。心が尖《とが》っていてよく人と衝突《しょうとつ》する人は長《ちょう》にはなれません。そんな人が長《ちょう》になったら、部下《ぶか》の者が不平《ふへい》を言います。それでは下《した》を治《おさ》めることができませんから、長《ちょう》にすることができないのであります。

## 仕事に魂《たましい》を打込《うちこ》め

遅くまで居残《いのこ》っていたら、残業手当《ざんぎょうてあて》が貰《もら》えると思って、普通《ふつう》の勤務時間中《きんむじかんちゅう》だらだらのろのろ仕事をしていて、普通《ふつう》の働く時間が終る頃になると忙しそうに仕事をする人がありますす。こういう人は間違《まちが》った考えに捉《とら》われているのです。そんな人はだらだらのろのろしていたら自分は得《とく》だと思っているかも知れませんが、一番損《そん》をするのは、だらだらのろのろしている本人なのです。だらだらのろのろしている間に失《な》くなって行《ゆ》きつつあるのは、その人自身の時間なのです。時間が経《た》つだけその人の死ぬ時が近づいているのです。生きている限りはだらだらのろのろするものではありません。本当に勉強したり、仕事をすれば自分が出世《しゅっせ》し、自分の仕事がいついつまでも残るのです。私達のした仕事は、どんな仕事でも天地《てんち》の目に見えないレコードに刻《きざ》まれていて消えるものではありません。

# 第十五章　困難《こんなん》の生かし方

## 苦労《くろう》は人間を鍛《きた》える

困難《こんなん》ということ、「難《むつ》かしい」ということは、決して不幸なことではありません。困難が出てくるほど、私達は鍛えられるのです。正宗《まさむね》の名刀《めいとう》があんなに良《よ》い刀《かたな》であるのは、幾度《いくたび》も、火や水の中をくぐり、幾度《いくたび》も鉄鎚《てっつい》で擲《なぐ》られ、幾度《いくたび》も打ちのめされてきたからです。「若い時の苦労は買ってでもせよ」「かわいい子には旅をさせよ」などという諺《ことわざ》がありますが、若くなくてさえ苦労は買ってでもする程《ほど》でないと偉《えら》くなれないものです。若いくせに、自分は貧乏《びんぼう》に生れたから出世《しゅっせ》ができないとか、自分は借金《しゃっきん》があるから偉くなれないとか考えて縮《ちぢ》かんでしまう人がありますが、英国《えいこく》の小説家《しょうせつか》サー・ウォルター・スコットは五十五歳の時、六十万ドルの借金《しゃっきん》を押しつけられたのです。スコットは、この借金を一銭《いっせん》も残らなくなるまで支払ってしまおうと決心しました。彼は文筆家《ぶんぴつか》でありましたから、筆《ふで》の力でこの六十万ドルという大きな金を稼《かせ》ぎ出して支払わねばならないのです。「ヨシ！　六十万ドルぐらいが何だ！　自分は神の子だから支払ってみせるぞ！」この決心が彼に力を与えました。彼は一所懸命《いっしょけんめい》書きました。この決心ができたとき、彼の文章《ぶんしょう》に力が出てきたのです。彼の文章に油《あぶら》がのってきたのです。彼は夜も昼も、書いて、書いて、書きまくりました。とうとう彼はその六十万ドルの大きな借金《しゃっきん》を支払ってしまいました。そのため、今でもスコットの名文《めいぶん》は有名なもので、後々《のちのち》の人々から尊《とうと》ばれているのです。

## 決心ほど強いものはない

皆さん、決心ほど強いものはありません。「是非《ぜひ》やろう」と決心する人は、必ずそれを成《な》し就《と》げる人です。「やろう」と決心しない人と、困難《こんなん》を恐れる人とは何事も成《な》し就《と》げ得《え》ません。天下無敵《てんかむてき》の人となろうと思うならば、成功する事のみを知って、失敗することを知らない人にならねばなりません。貧乏《びんぼう》になったから失敗したと思うようでは、成功する人ではありません。借金《しゃっきん》ができたから失敗したと思うようでは、成功する人ではありません。スコットのように貧乏《びんぼう》になった時に、「この時こそ！」と決心するような人にならねばなりません。六十万ドルの借金ができた時に、「この時こそ！」と渾《こん》身《しん》の力を揮《ふる》い出し得《う》る人にならねばなりません。両脚《りょうあし》がなくなったら、両脚《りょうあし》の切株《きりかぶ》でも仕事をする人にならねばなりません。こんな人にはどんな時にも失敗ということはないのです。

## 逆境《ぎゃっきょう》は幸福である

今まで、普通《ふつう》の人は、困難《こんなん》というものと、不幸というものとを同じ意味だと考えて、困難は不幸である、「ああ困難がやって来た、自分は不幸である」とこう考えたものであります。ところが生長《せいちょう》の家《いえ》では「困難」を「幸福」であると教えるのであります。私達は障碍物競争《しょうがいぶつきょうそう》をしたり、或《あ》るいはオリンピック競技《きょうぎ》に選手《せんしゅ》として出場《しゅつじょう》しましても、あの競技《きょうぎ》は一種の困難《こんなん》である、困難であるけれども、あの選手《せんしゅ》たちはあれを不幸であると思っていない。あれは幸福である。もし、あれが平地《へいち》を歩く競争《きょうそう》であって御覧《ごらん》なさい。平地を歩くには困難がないから却《かえ》って面白味《おもしろみ》が少ない、力も出ないのです。困難はかくのごとく幸福なのです。普通の人が困難を不幸であるとするのは、一種の迷妄《まよい》でありまして、そのために困難の前に立竦《たちすく》んで、いたずらに人間一疋《いっぴき》、何事も為《な》し得《え》ないのです。

ところが生長《せいちょう》の家《いえ》では、人間は神の子であるから逆境《ぎゃっきょう》に立てば立つだけ、二倍三倍の力が出てくるということを教えるのでありますから、どんな場合に処《しょ》してでも挫折《ざせつ》してしまうということがないのです。無限に力を引出《ひきだ》してくるということができる――これこそ生長の家で教えられ鍛《きた》えられた人の特長《とくちょう》であります。

私達の生命《せいめい》は、たとえば水のようなものであります。フラスコの中に静止《せいし》せしめて常温《じょうおん》に置かれた水は困難な状態《じょうたい》ではない。チャンと箱入娘《はこいりむすめ》みたいに護《まも》られた状態です。その代りにどんな力も出てこないのであります。これを一旦高所《いったんこうしょ》へ上げて、そこから落差《らくさ》をつけて落しましたならば、何万キロワット、何十万キロワットの水力《すいりょく》タービンでも動かすことができる。これは水が嶮《けわ》しき高所《こうしょ》に、逆境《ぎゃっきょう》に置かれたための賜《たまもの》です。或《ある》いは皆さん、水の下から何千度という石炭《せきたん》の燃焼熱《ねんしょうねつ》を与えてやると、たちまち沸騰《ふっとう》して、蒸気《じょうき》の力で何千馬力《なんぜんばりき》の大機関車《だいきかんしゃ》でも動かすことができましょう。これも水が逆境に置かれた賜《たまもの》であります。私達は、逆境を不幸であると考えることが間違《まちがい》なのです。逆境は私達の中《うち》に宿っている無限の力を掘り出してくれるところの「縁《えん》」を与えてくれる、たいへんありがたい友だちであると思わなければならないのです。そうなりますと、私達は決して逆境や困難《こんなん》に挫折《ざせつ》しない。困難のくる度毎《たびごと》に、自分はそれだけ高まるのであるということを常に信じる事ができて、どんな逆境も困難も、失望《しつぼう》や落胆《らくたん》の原因となるものではありません。逆境に置かれ困難に置かれるほど、常に私達は伸《の》びるほか仕方《しかた》がないのであります。**この常に伸びるほか仕方がない生活、これが生長《せいちょう》の家《いえ》の生活であります。**それには自分が神の子であるということを自覚《じかく》することが根本《こんぽん》であります。私達が困難に対して崩折《くずお》れてしまい、挫折《ざせつ》してしまうというのは、自分の中《うち》に生きている「生命《せいめい》」が有限《ゆうげん》であり、単なる物質的《ぶっしつてき》エネルギーであって、それには限りがあり、或《あ》る程度《ていど》以上の困難《こんなん》になると、打勝《うちか》つことができないものであるというような間違《まちが》った考えを以《もっ》て自分自身の生命《せいめい》を萎縮《いしゅく》させているからなのです。ところが一転《いってん》してこの生長《せいちょう》の家《いえ》の人生観《じんせいかん》になりますと、自分自身の本体《ほんたい》は、神の生命《せいめい》がここに宿っているものである、或《ある》いは仏《ほとけ》の生命《せいめい》がここにあるのである、どんな力でも無限に出てくるのがこの自分自身であるという確固《かっこ》とした自覚《じかく》を得《え》ますから、困難に逢《あ》えば逢うほど、内から湧《わ》き出してくる力が多くなってくるのであります。

或《あ》る教祖《きょうそ》は「難儀《なんぎ》は節《ふし》や、節から芽が出る」ということを言いましたが、これは実に易《やさ》しい言葉で真理《しんり》を穿《うが》っています。どんなに攻撃されても迫害《はくがい》されても、「難儀は節や、節から芽が出る」と信じていると、どこまでも伸《の》びる底力《そこぢから》がどこからか出て来るのであります。

## 何処《どこ》でもできる神の子の教育

私達は人間を教育するのに、困難《こんなん》を避《さ》けしめるような教育を施《ほどこ》しているようなことでは駄目《だめ》であります。どんな困難にでも、「自分は神の子である、不可能《ふかのう》ということはないのだ、我《わ》が行《ゆ》くところ必ず成功あり」という強い自覚《じかく》を、幼い時から植えつけて置くということが必要であります。これが、近頃喧《やかま》しくいわれている「人を作る教育」の根本《こんぽん》であると思うのであります。別に何宗教何宗派《なにしゅうきょうなにしゅうは》というのでなしに、ただ「人間は神の子、又《また》は仏《ほとけ》の子である。人間の中《なか》には無限の力が宿っているのであるから、それを悟《さと》れ」ということを、常に子供の頃から知らして置くということにいたしましたならば、何宗派の人であろうと一向差支《いっこうさしつか》えありませんし、必ずその子供たちは人生に立ち、社会へ出ましてから、善《よ》き効果《こうか》を挙《あ》げ、人生の勝利者《しょうりしゃ》となることができるに相違《そうい》ないのであります。

ですから、生長《せいちょう》の家《いえ》の教育法《きょういくほう》と申《もう》しますのは、必ずしも単に子供の教育だけではありません。一切の人間の再教育《さいきょういく》をするのであります。教育というと、何か学校だけで教えるように聞えますが、教化《きょうか》と申してもよろしい。大人《おとな》も一緒《いっしょ》に「人間神の子、力は無限」の思想《しそう》で再教育されることは刻下《こくか》の最大急務《さいだいきゅうむ》であります。

## 子は親の心の影《かげ》

神戸《こうべ》市兵庫《しひょうご》の入江《いりえ》小学校の村山栄太《むらやまえいた》先生は、子供を教育するのには先《ま》ず保護者《ほごしゃ》を招《よ》んで、保護者にお願いになって、子供に対して準備的暗示《じゅんびてきあんじ》をして貰《もら》ったということでありますが、子供を善《よ》くするのには、ぜひとも親を善《よ》くしなければならぬのであります。子供は親の心の影《かげ》である。これは単なる学業成績《がくぎょうせいせき》だけの問題ではないのであります。子供の健康状態《けんこうじょうたい》も親の心の変化にしたがって常に変ってくるのであります。大阪府豊中《おおさかふとよなか》市《し》の千田《せんだ》さんの子供さんは、親ご自身が十八年間も病気でおられたものですから、子供が常に身体《からだ》が弱くて欠席勝《けっせきが》ちであったというのであります。ところが親が『生命《せいめい》の實《じっ》相《そう》』を読み、子供に「あなたは神の子である」ということを知らして上《あ》げるようになってからは、ほとんど病気をしなくなった。或《あ》る時、その子供が大腸《だいちょう》カタルを患《わずら》ってたいへん熱が出たそうであります。それで「お前学校休むか」と訊《き》いたら、「いや休まぬ、私は神の子だから大丈夫《だいじょうぶ》だ」こう言って、まだ小学校二年生のお嬢《じょう》さんですが、病気は病気、勉強は勉強と、きれいに病気を超越《ちょうえつ》してしまって、お掃除《そうじ》の当番までチャンとやってのけて帰ってこられたのであります。これは、ただ学校の当番をチャンと済《す》ましたというだけのことではない。こういうふうな子供が大きく生長《せいちょう》して大人《おとな》になった時に、病気になっても人生に処《しょ》して、人生に於《お》ける人間の役目《やくめ》を、人間の当番をどんな困難《こんなん》がこようとも、やり遂《と》げるだけの大きな力を学び得《え》たということになるのでありま す。教育は常にあるのです。常に私達は教育されているということを忘れてはなりません。

## 重田《しげた》さんの体験《たいけん》

生長《せいちょう》の家《いえ》に家庭光明寮《かていこうみょうりょう》という花嫁学校《はなよめがっこう》がありましたが、そこを卒業《そつぎょう》された方《かた》に重田さんというお嬢《じょう》さんがありますが、その方《かた》のお母さんは生長の家の誌友《しゆう》になって大変心境《しんきょう》がお進みになったのであります。家族中全体が生長の家の思想《しそう》をお持ちになりまして、人間を誰《たれ》でもみんな神の子であると拝《おが》むような気持《きもち》になられました。その息子《むすこ》さんで商業学校出《しょうぎょうがっこうで》のまだ二十歳ぐらいの方がございますが、家《うち》が金物屋《かなものや》で、この息子さんが商売《しょうばい》の手伝《てつだい》をして金物《かなもの》を売っておられた。或《あ》る日のこと、その息子さんが、お客さんに少しでも深切《しんせつ》をして上《あ》げたい動機《どうき》で、何でも二十三銭《せん》(編註・一銭は百分の一円)とかに売るバケツを、一銭値引《ねびき》をして二十二銭でお売りになったら、お客さんが非常に喜んだというので、その息子さんがまた喜ばれまして、同じ値段《ねだん》を引くくらいならばひとつ原価《げんか》で売って上げようと言って、元値《もとね》の十九銭でお売りになったそうであります。そうすると、重田《しげた》さんのところは金物《かなもの》が安いというので、京都中《きょうとじゅう》で一番よく繁昌《はや》る金物屋《かなものや》さんになった。すると金物屋の同業組合《どうぎょうくみあい》から、「君の方《ほう》でそんなことして貰《もら》うと市価《しか》が下《さが》って困る」という苦情《くじょう》が出て、それは中止しなければならなかったそうでありますが、余《あま》りよく売れるので卸売値段《おろしうりねだん》が安くなって元値《もとね》で売ったときにも、やはり儲《もう》かったということでありました。（昭和十年頃の話）

或《あ》る日のこと「今川焼《いまがわやき》」といって、メリケン粉《こ》を溶《と》いて流し込んで、そこへ餡《あんこ》を入れた饅頭《まんじゅう》のようなものを焼いて売る露天商人《ろてんしょうにん》がありますが、その露店商人が重田さんの店へ来て、その今川焼を焼く鍋《なべ》をくれと言うのです。店頭《みせさき》に型の大きいのと小さいのと二種類その鍋が陳列《ちんれつ》してあったのであります。ところが重田さんのお母さんが、奥座敷《おくざしき》でちょっと手の離しにくい忙しい用事をしておられたので、そのお客さんが「この今川焼のお鍋これは幾《いく》らですか」と言われたら、店先《みせさき》まで出て行《ゆ》かないで、座敷《ざしき》からちょっと覗《のぞ》いて見て、「その大きい方《ほう》はいくらで、小さい方《ほう》はいくらでございます」と言われて首を引込《ひっこ》められた。「それじゃ小さいのを貰《もら》ってゆきます」こう言って、その露天商《ろてんしょう》人《にん》はお金を置いて立ち去ったようでありました。あとで見ると、大きな鍋《なべ》を持って帰って小さい方《ほう》の値段《ねだん》を置いて帰っておったのであります。それを見て、息子《むすこ》さんが、「今まで生長《せいちょう》の家《いえ》の本を読んで、人間は神の子である、仏《ほとけ》の子であると思っていたが、ああ人間にも神の子でない者がある」こう言われたそうであります。重田《しげた》さんのお母さんはそれを聞かれて、すぐ反省《はんせい》せられたのであります。「ああ申訳《もうしわけ》のないことをした。人間にも神の子でない者があるという理由がない。神の子でない悪人《あくにん》のように見えるのは心の迷《まよい》がそこに現《あらわ》れているので、誰《たれ》も本当の人間はみんな神の子なのだ。それだのにただ一人でもこの人類の兄弟を神の子ではないと自分の息子に思わせたということは申《もうし》訳《わけ》のないことをした。なんとかしてみんな人間は神の子だと思わすようにしたい。神の子であり善人である人間を悪人だと思わすようにしたのは、それは私が悪かった。なぜなら、私は商売《しょうばい》をしているのだから、お客さんが来たら側《そば》まで行って鄭重《ていちょう》に応対《おうたい》して、品物を渡してお金をいただいてお礼を言わなければならないのを、つい忙《いそが》しいからと自分勝手《じぶんかって》の理由で、奥座敷《おくざしき》の方《ほう》から『それはいくらですよ』と軽率《けいそつ》にお客さんを取《とり》扱《あつか》った、それで私の軽率《けいそつ》な心が映《うつ》ってお客さんがこういうふうな軽率なことをなさったのだ。これはお客さんがわるいのでない、私の心の軽率がお客様の上に映写《うつ》されて、そういう仮《かり》の相《すがた》が現《あらわ》れただけであるから、ぜひとももう一度あの人にも神の子であるという実《じつ》の相《すがた》を現していただくようにしなければ申訳《もうしわけ》がない」とお考えになりまして、「そうじゃありませんよ」と、その息子《むすこ》さんに言って、「あの方《かた》もやはり神の子だ。私は軽率でわるかったのだから、今にきっとあの方《かた》は必ずお金を持って来て、正しい神の子の実相《ほんとのすがた》を現《あらわ》されますよ」と言われたそうであります。

その露天商人《ろてんしょうにん》はその金物屋《かなものや》の前を毎日屋台店《やたいみせ》を押して行《ゆ》くのでしたが、その事のあって以来《いらい》、その露天商人は一向重田《いっこうしげた》さんの店の前を通らなくなってしまったのです。何かうしろめたいような気がするのでありましょう。それで、重田さんの奥さんはますます恐縮《きょうしゅく》せられた。「これは申訳《もうしわけ》のないことをした。あの人が極《きま》りの悪い思いをしてここを通らないのは、自分の一つの落度《おちど》から、あの人の住む世界がこれだけ狭くなったのである。ああ申訳のないことをした。もっと私が深切《しんせつ》にお客さんに応接《おうせつ》する心があったならば、あの人の世界がこんなに狭くならなかったであろうに」こうお考えになられまして、その露天商人《ろてんしょうにん》のために祈っておられました。或《あ》る日重田《しげた》さんの奥さんが、京都《きょうと》の町を歩いておられますと、その露天商人がどこかで屋台店《やたいみせ》をおろして今川焼《いまがわやき》を焼いておったのであります。それを見て、重田さんは心で掌《て》を合《あわ》して「露天商人に申訳《もうしわけ》のないことをしました」と言ってお詫《わ》びになった。そして家へお帰りになると息子《むすこ》に、「あすこにあの今川焼屋さんがいるから、あんたお金を貰《もら》ってきてください。きっとあの人は今では実相《じっそう》があらわれて神の子になっておられてお金をくださるから」と言われた。そこでその息子さんは、自転車に乗ってそこへ出掛《でか》けて行《ゆ》き、今川焼屋の屋台店のところへ行って、「おじさん！」とこう一言《ひとこと》言った。そうしますと、露天商人はこちらを見て、重田さんの息子さんの顔を見ると、「いや、わかっとる、わかっとる。つい忙《いそが》しいので持って行かなかったが、後《あと》から持って行《ゆ》くから」と言った。そうして暫《しばら》くすると、本当にその残りの金を持って来て、「どうも申訳なかった」と言ってお詫《わ》びをして帰ったということであります。これは、重田《しげた》さんのお母さんが、その今川焼屋《いまがわやきや》の実相《じっそう》を見られて、「あの人は本来神の子であって、泥棒《どろぼう》ではないのだ、泥棒に現《あらわ》れているのは嘘《うそ》の相《すがた》だ、本当の相《すがた》は神の子である」という心持《こころもち》で、その本当の相《すがた》を祈り出されたからであります。

# 第十六章　日常生活《にちじょうせいかつ》の生かし方

一、あなたは何のために勉強しますか？

あなたは何のために働きますか？

人に威張《いば》るために勉強する、お金や衣服《いふく》や食物《しょくもつ》を得《う》るために働く、とこう考えておいでなら、今日《きょう》からこうした考え方を止《や》めにしましょう。なぜでしょうか？

二、勉強すること、仕事をすることは、自分の生命《せいめい》が伸《の》びることだから、楽しくてするのです。

三、使ったら減《へ》る、働いたら損《そん》すると思うことは大きな間違《まちがい》です。

誰《たれ》でも自分の持っている力が限りなくあることを信じて、何をするにも全力を出す人は何事にでも必ず成功します。

よいと信じた事を確《かた》く守って倦《う》まず撓《たゆ》まずに努力《どりょく》する人は、いつも他《た》の人より優《まさ》った地位に就《つ》くことができます。

四、この世の中には大臣《だいじん》も代議士《だいぎし》も博士《はくし》も必要です。**しかしそれより前に強く正しく明るい人に成《な》ることが必要です。**

強く正しく明るい人とは、他《た》の誰《たれ》に対しても自分に対すると同じように深切《しんせつ》を尽《つく》して悲しみや苦しみに負けずに、いつも元気で力いっぱい自分の仕事に精《せい》を出す人です。

五、あなたと一所《いっしょ》にこの世に住んでいる人は皆《みな》神様仏様の思召《おぼしめし》でこの世に生れた、神の子仏の子で、あなたとは未《ま》だ一度も会ったことも話したこともない人でも、その人はあなたの兄弟姉妹《きょうだいしまい》と同じですから、互いに助け合い深切《しんせつ》を尽しましょう。病気や不幸で苦しみ悩んでいる人にはまごころを以《もっ》て慰《なぐさ》め、元気をつけてあげましょう。

六、**神様仏様はあなた達銘々《めいめい》の中にもいられます。**神様仏様は絵に描《えが》いたものでも、木や金で作ったものでもありません。

よい事をして嬉《うれ》しいのは、あなたの神様仏様がお喜びになるからです。神様仏様にいつも本当に喜んでいただける様《よう》な事のたくさんできる方《かた》は仕合《しあわ》せな人です。

七、偉《えら》い人とは大臣《だいじん》、代議士《だいぎし》、博士《はくし》、大会社の重役等《じゅうやくとう》に限った事ではないのです。**自分の仕事をまごころを以《もっ》て完全に行《おこな》う人は皆《みな》偉いのです。**たといあなたが、大工《だいく》さんでも八百屋《やおや》さんでも工場の工員《こういん》さんでも自動車の運転手さんでもかまいません。あなたのする事が多くの人に喜ばれたならあなたは偉い人です。

八、あなたは生きています。生きているということは、誰《たれ》か他《ほか》の人から喜ばれていることなのです。他《ほか》の人から憎《にく》まれ嫌《きら》われる人は生きていても死んだと同様《どうよう》です。**少しでも世の中がよく成《な》る様《よう》に努《つと》める人は本当に生き甲斐《いがい》のある人です。**

九、着物《きもの》、食物《しょくもつ》、住んでいる家、その他《た》何から何まで自分の力だけでできるものは一つもない。あなたの食べるものや着るものを作るために、数えきれぬほど多勢《おおぜい》の人達が昼も夜も働いていてくださいます。そんなに多くの人の骨折《ほねお》りででき上《あが》ったものを、あなたが働かずに食べたり着たりしてよいものでしょうか。

**あなたはこの多勢《おおぜい》の人達にお礼するためにも一所懸命《いっしょけんめい》にお働きなさい。**

十、鉛筆《えんぴつ》一本紙一枚も粗末《そまつ》に取扱《とりあつか》ってはなりません。倹約《けんやく》とは要《い》るものを使わないことではありません。何でも最後までその物の役目《やくめ》を完全に果《はた》すまで使い切ることが倹約です。

それを作った人の骨折《ほねおり》をありがたく思い、大切に使うことが本当の倹約です。

十一、成功した人を見て、「あの人は運《うん》が良《よ》い」と言ったり考えたりすることは間違《まちがい》です。

**成功した人には必ず人に知られぬ多くの苦心《くしん》や努力《どりょく》があるものです。**すべての物事《ものごと》の成就《じょうじゅ》には努力と忍耐《にんたい》が必要である事を知って、これを自分の上にも適用《あてはめ》る人は幸いです。これこそ成功する唯一《ゆいいつ》の方法です。

十二、誰《たれ》かがあなたに対して悪い事をしたり、悪口《わるくち》を言ったりしても、怒《おこ》ったり憎《にく》んだりしてはなりません。あなたの中《なか》にある神様仏様は誰《たれ》よりもよくあなたが正しいことを御承知《ごしょうち》ですから、そしてあなたは、その人があなたに対して抱《いだ》いていた考えが間違《まちがい》であったという事を、あなた自身の深切《しんせつ》の行《おこ》ないで知らせなさい。

**人と争うことは、たといあなたが正しいにしても、決してよい事ではありません。**

十三、慈愛深《じあいふか》き神様仏様は必ずあなたをよい方《ほう》へ導いてくださいます。一時悪い位置や境遇《きょうぐう》にいるように見えても、それは一年に春夏秋冬《はるなつあきふゆ》があって、寒い冬の後《あと》に暖かく心地《ここち》よい春があるように、やがて楽しい日があなたにも必ずやって来るのです。希望と勇気《ゆうき》で仕事を励《はげ》みましょう。

十四、**力一杯に働いた後《あと》の気持《きもち》のよい事はどうでしょう。**何もせずにのらくらと過《すご》した時に比《くら》べてなんと大きな違《ちが》いでしょう。

人は働いたから本当によい休息《きゅうそく》があるのです。休みばかりの連続《れんぞく》――毎日を働かずに過《す》ごす人、働くことがあっても怠《なま》ける人は、こんな楽しい気分を味わう事はできません。

**よく働きましょう。そして楽しく休みましょう。**

十五、いつもニコニコしている人は太陽の様《よう》なものです。そんな人が家にいると家中《いえじゅう》の人が晴《はれ》やかに成《な》ります。学校にいると級中《きゅうじゅう》(編註・クラス中)が活気《かっき》づきます。商店にいるとお客様の足を繁《しげ》くします。事務所にいると皆《みな》を愉快《ゆかい》にさせます。**あなたの家の中の太陽に成《な》りましょう。あなたの店、事務所、工場の太陽に成《な》りましょう、そしてあなたの住んでいる町や村の太陽に成りましょう。**

十六、細《こま》かい所によく気のつく人は、大きな仕事を成就《じょうじゅ》する人です。玄関《げんかん》に脱《ぬ》ぎ棄《す》てられた履物《はきもの》を揃《そろ》えたり、机の上に溜《たま》った埃《ほこり》をソッと拭《ぬぐ》うたり、路傍《ろぼう》に落ちている折釘《おれくぎ》を拾《ひろ》い除《の》けたりするような小さな深切《しんせつ》はあなたにだんだんに磨《みが》きをかけます。

十七、人の本当の値打《ねうち》はその人の持っている名誉《めいよ》でも、財産《ざいさん》でも、地位でもありません。

**人の値打は、世のため人のためにどれだけのよいことをしたかによって決まります。**人の迷惑《めいわく》をなんとも思わぬ人、働かずに暮《くら》している人は、いかに地位や財産があってもその人の値打《ねうち》は零《ゼロ》です。

十八、人を着物《きもの》や持物《もちもの》のよい悪いで差別《さべつ》してはなりません。よい着物を着てよい物を持っている人に案外《あんがい》につまらぬ人が多くありますから。**他《た》を尊敬《そんけい》する人は他《た》からも尊敬されます。**人は神の子仏の子である事を知って互いに尊敬しましょう。

十九、意志《いし》の強いのと強情《ごうじょう》っ張《ぱ》りとは異《ちが》います。他《た》から自分の誤りを知らされたなら感謝《かんしゃ》してすぐに改《あらた》めましょう。

**自分より目下《めした》の者でも、年少のものでも、正しいことに変りはありません。**

年長者《ねんちょうしゃ》であるから、目上《めうえ》であるからと言って、威圧《おどし》で正しくない事を正しいと強《し》うるのは大《だい》なる誤りです。

二十、年齢《ねんれい》の長幼《ちょうよう》を問わず他《ひと》を尊敬《そんけい》しましょう。人は皆《みな》神の子仏の子であなたと兄弟《きょうだい》姉妹《しまい》なのですから。そして皆に感謝《かんしゃ》しましょう。何事《なにごと》にも感謝する心が持てるように成《な》ると、あなたは幸福を知らず識《し》らずに得《え》られます。

二十一、他《ひと》人の欠点を見たら先《ま》ず自分にもその様《よう》な欠点があるかどうかを見ましょう。他《ひ》人《と》の顔についた墨《すみ》はよく見えても、自分の顔についた墨は見えません。他《ひ》人《と》の顔の墨を笑うより、自分にもついていないか御覧《ごらん》なさい。他《ひ》人《と》の誤りは深切《しんせつ》に言葉やさしく教えてあげなさい。

二十二、他《ひ》人《と》に叱《しか》られたり咎《とが》められたりするのは不愉快《ふゆかい》なことです。他《ひ》人《と》の欠点や過失《かしつ》を咎《とが》めたり叱《しか》ったりせずに、よい所を探《さが》して褒《ほ》めてあげましょう。あなたがよい人と思って対《たい》すれば、その人は必ずよい人になります。

**人は鏡《かがみ》と同じでこちらの思う心の通りによくも悪くもうつるものです。**

**二十三、悲しんだり怒《おこ》ったり不平《ふへい》を言ったりする人は健康《けんこう》に成《な》れません。**

心を平《たいら》かにしていつも愉快《ゆかい》に元気に働けば、いつも健康で人一倍に多くの仕事をすることができます。

**愉快に元気よく働くものには不健康はありません。**

二十四、転《ころ》んだら起きなさい。失敗は転んだのと同じで直《す》ぐ起きて又《また》歩けばよいのです。赤ん坊は歩きはじめにはよく転《ころ》びます。転んだ時に起きて歩かなかったなら、いつになってもその赤ん坊は決して歩けるようになりません。成功は、転んでも起きる人、失敗しても失敗に負けずに努力する人のものです。**直《す》ぐ起きる人には、失敗は成功の基《もとい》です。**

# 第十七章　精神力《せいしんりょく》の生かし方

## 精神一到《せいしんいっとう》とはどんなこと

「精神一到何事《なにごと》か成《な》らざらん」という諺《ことわざ》がございます。この言葉はありふれた言葉であり、一心《いっしん》に心をこめてやれば、何だってできないことはない、というふうな意味に考えられております。そうです、一心に心をこめてやれば、何だってできないことはないのです。しかし、その「やる」とはどうすることでしょうか。皆さん、これを考えてみたことがございますか。

## 根限《こんかぎ》りやっても成功しない人もある

心をこめてやる、ということを何でもコツコツと根限りやることだ、と考えておられる方《かた》もあるでしょう。中《なか》には、こんなに心を籠《こ》めてコツコツ勉強しているのに成功しなかったという人もありましょう。また時には「あの人は私ほどコツコツ勉強しないで暢《のん》気《き》に構《かま》えているのに成功したから、『精神一到何事か成《せいしんいっとうなにごとかな》らざらん』という諺《ことわざ》も好《よ》い加減《かげん》な嘘《うそ》だ、成功は運《うん》にあるのだ」と不平をお漏《も》らしになる人もあるでしょう。

## 一つのことをいつまでも貫《つらぬ》かねば

そこで「精神一到何事か成《せいしんいっとうなにごとかな》らざらん」ということも好い加減な嘘であるか、本当であるか、それともこの諺《ことわざ》の本当の意味はどこにあるかということを、もう一度とっくりと皆さんと一緒《いっしょ》に考え直《なお》してみようではありませんか。

「精神一到何事か成《せいしんいっとうなにごとかな》らざらん」――この言葉のどこにもコツコツと勉強せよというような所はありません。「精神一到《せいしんいっとう》」であって、精神が第一です。心が第一です。「一到《いっとう》」というのは一ぺんだけちょっと考えるというような、力の弱い考えではありません。「一《いっ》到《とう》」の「到《とう》」の字は「到《いた》る」という字でありますけれども、この字を分析《ぶんせき》してみますと、

「至《いたる》」と「刂《りっとう》」になります。「至《いたる》」は至極《しごく》であり、最後のギリギリまで至《いた》ることであり、「刂《りっとう》」は「立刀《りっとう》」であり、刀《かたな》を縦《たて》にして刺《さ》し貫《つらぬ》く形をあらわしています。最後のギリギリまで一つの心を以《もっ》て貫き通すことが「精神一到《せいしんいっとう》」であります。「心がいっぺんその方《ほう》へ振向《ふりむ》く」ぐらいではまだまだ精神一到ではありません。一度心をその方へ振向けたら、目的を貫き通すまで心を変えないでいなければ「精神一到」ではありません。

## 「心を変えない」とはどんなこと

目的を貫き通すまで心を変えない――そうすれば何事《なにごと》でもできるというのが「精神一到何事か成《な》らざらん」《せいしんいっとうなにごと》だと申《もう》しましたら、それでよく解《わか》ったように思う方《かた》もあるかも知れませんが、解らないように思う方もあるかも知れません。それでは「心を変えない」とはどうすることなのか、よく考えてみてください。そんなに考えてみないでも「心を変えない」ということはどうすることだかハッキリお解《わか》りになった方は、大変お偉《えら》い方であります。また「心を変えない」とはどんなことだかわかったつもりで本当は十分《じゅうぶん》判《わか》らず、よい加減《かげん》にぼんやりと「こんなことだろう」と思っている人よりも、「心を変えない」とは実際には一体どうすることだろう、詳《くわ》しく教えて貰《もら》いたいと思う人も、また物事《ものごと》の考え方が精《くわ》しく細かくたいへん立派《りっぱ》な人だと思います。

では皆さん、「心を変えない」とはどうすることですか、もう一ぺん考え直《なお》してみましょう。「心を変えない」とは、「心」に一ぺん「これはできる」と思ったことは、それを「貫《つらぬ》き通《とお》す」まで、いついつまでも「これはできる」と心に描《えが》いた考えを捨てないことです。何でも心の中に「これはできる」と心に画《え》を描《か》くように思い浮べた考えが、やがて形になってこの世の中にあらわれてくるのですから、「これはできる」と一旦《いったん》きめた考えを捨てなければ、それは必ずできるのです。

## 「これはできる」

「そんなこと位《くらい》は初めから知っていた。だから私は『これをしよう』と思ったらいつまでも心を変えずにやってきたが、やっぱり運《うん》が悪いことに変りはない」とお考えになる人もありましょう。だけども、そうおっしゃるあなたの考え方は、私の考え方とたいへん異《ちが》います。私は「これはできる」という考えをいつまでも捨《す》てないで貫《つらぬ》き通《とお》すことが「精神一到《せいしんいっとう》」だと申《もう》しました。ところがあなたは「これをしよう」という考えはいつまでも捨てずにいるが「運が悪い」と言われます。あなたの考えと私の考えとがどれだけ異《ちが》うか、太い活字で書いたところを比《くら》べてください。

私は「これはできる」という考えを捨てるなと申しました。

あなたは「これをしよう……しかしできぬ、運が悪い」と言っているのです。

「運が悪い」とあなたがおっしゃるのは、「これはできぬ」という考えが混《まじ》っているのです。私の言う「これはできる」という考えとはまるきり反対ではありませんか。

## 「これをしよう」

「これはできる」という考えの中には、「できる」という考えのほかに何《なん》にも混《ま》ぜ物《もの》がありませんが、「これをしよう」という考えの中には、「これをしよう、しかしできないかも知れない」という考えが混《まじ》っているものなのです。「これをしよう」と考えるだけの「精神一到《せいしんいっとう》」では必ずしも成功しないのは当り前です。入学試験《にゅうがくしけん》に行《ゆ》く人たちは皆《みな》「この試験にパスしよう」と思って行《ゆ》くのです。しかし、皆《みな》が皆《みな》まで試験にパスしないのは、「パスしよう」という考えはあっても、「パスできる」と本当に信じている人が少ないからです。「しよう」とか「成《な》ろう」とかいう考えよりも、「できる」とか「成《な》る」とかいう考えの方《ほう》が力が強いのです。

## 「成《な》ろう」と「成《な》れる」との相異《そうい》

誰《たれ》でも偉《えら》い者に「成ろう」とは思うのですが、そのうちの極《ごく》わずかな人だけしか偉くなれないのは「成ろう」と思う考えは捨《す》てないくせに、「成れる」という考えを何時《いつ》の間《ま》にか捨ててしまうからです。そしていつの間にかそんな人は、「**成ろう**と思うけれども**成れぬ**」と言うのです。そして、そういう人はとうとう偉い者には**成れぬ**のです。

これで「**成ろう**」と「**成れる**」との相異《そうい》が判《わか》ったでありましょう。

## 立身出世《りっしんしゅっせ》の秘訣《ひけつ》

皆さん成功の秘訣も、立身出世の秘訣もここにあるのです。「精神一到《せいしんいっとう》」とは、どこどこ迄《まで》も、ただ成《な》れる――成れるで突《つ》き貫《とお》すことです。「心」で「成れる」と信じたときには、心のフィルムではすでにそう成っているのです。心のフィルムに描《えが》かれたことは必ず活動写真《かつどうしゃしん》(編註・映画のこと)に映《うつ》し出されるように、この世の中に本当に出てくるのです。しかし、自分がこうあって欲《ほ》しいことがまだ本当に出て来ないうちに、「成れる」という考えを捨ててしまって、「成れぬ」という考えにいつの間にか成ってしまったら、その「成れぬ」という考えがこの世に出てくるのですから、運《うん》は悪くなるのは当然です。

## クーエの話

フランスのナンシーという町に、エミール・クーエという薬剤師《やくざいし》がおりました。薬剤師というのは、この薬はどういう成分《せいぶん》が入っているから、どういう病気に効《き》くということを研究《けんきゅう》した専門家《せんもんか》です。或《あ》る日、クーエのところへひとりの病人が薬を買いにまいりまして、「こういう名前の薬が欲《ほ》しいから売ってくれ」と申《もう》しました。するとクーエの店にはその名称《なまえ》の薬はありましたが、もう古くなって成分《せいぶん》が変っているから、その薬だけの効目《ききめ》がないことは明《あきら》かでした。クーエは「今その薬はあるにはあるが腐《くさ》ってしまって成分が変っているから、売ってあげても効《き》きません」とお断《ことわ》りいたしました。するとその病人は「その名前の薬であればキクのだから、腐《くさ》っていても何でもよいから売ってくれ」と言いまして、とうとうその薬を無理《むり》に買って帰りました。数日すると、その病人はクーエの処《ところ》へお礼にまいりました。「あの薬をのんだら、お蔭《かげ》で病気が治《なお》りました」と言うのです。

クーエはびっくりしてしまいました。なぜならその薬は腐《くさ》って性質《せいしつ》が変ってしまって、もう効《き》かなくなっていることが、薬剤師《やくざいし》の自分にはよく分《わか》っていたからです。「効かないはずの薬がなぜ効いたか」クーエは考え始めました。

## 「治《なお》りたい」と「必ず治る」との相異《ちがい》

「効《き》かないはずの薬がなぜ効いたか」皆さんも考えてみてください。それはその病人が「この名称《なまえ》の薬なら必ず効く。そして病気が必ず治る」と思ったからです。

この病人は今まで多くの病院を渡《わた》り歩《ある》いて来ましたが、病気は重くなる一方で治らなかったのです。なぜ諸方《しょほう》の病院を渡り歩いたかと申《もう》しますと、「治りたい」と思ったからです。しかしどういうものかこの病人は治らなかった。病院のくれる薬も服《の》んでみましたが、どういうものか治らなかった。それは「治ろう」と思っても、「必ず治る」と信じなかったし、「必ず効《き》く」とも信じなかったからです。「治りたい」と心に思っても、「治る」と信じなかったら、効きもしないし、治りもしないのです。「成《な》ろう」と思っても「成れる」と信じなかったら、成功もしないし、立身出世《りっしんしゅっせ》もしないのもそのためです。

## 「治《なお》るという心」を服《の》ます治療法《ちりょうほう》

そこでクーエは薬が効《き》くのは、本当は薬という「物《もの》」が効くのでないことに気がついたのです。「効《き》く」という「心」が効き、「治る」という「心」が治すということに気がついたのです。「心」の力がわかったクーエは薬剤師《やくざいし》を辞《や》めてしまって「心」で病気を治すことを始めたのです。「効く」という心、「治る」という心――を服《の》ませて病気を治すことを始めたのです。そして、それでよく治るので、クーエの方法は「クーエ・メソッド」といって全世界に有名になりました。

「効く」という心、「治る」という心は、どういうふうにして服《の》ませるか、皆さま、考えてみてください。それは紙に包んで服《の》ませますか、コップの水で服《の》ませますか、この「治る」という心、「よくなる」という心を旨《うま》く服《の》ましさえしたら病気が治るのですが、それは「心」でありますから、水で流し込むわけにも口の中で溶《と》かして服《の》むわけにもゆかないのです。

## 自己暗示法《じこあんじほう》

そこでクーエは、「治《なお》る」という心、「よくなる」という心を人間に服《の》ませる方法を考案《こうあん》しようと思ってその方法を発明しました。それは「自己暗示《じこあんじ》」という方法だったのです。「自己暗示」というのは「よくなる」という観念《かんねん》を言葉の力で自分の心の中へ流し込む方法なのです。

言葉というものは不思議《ふしぎ》な力を持ったものです。「あなたは温順《おとな》しい良《よ》い子ですね」と言いますと、その子供は温順《おとな》しくなります。「この子は悪戯《いたずら》ッ子《こ》で仕方《しかた》がない子ですよ」と言いますと、その子供はますます悪戯《いたずら》ッ子《こ》になります。これを言葉の力と申《もう》します。言葉というものは、それを聴《き》く人の心に、その言葉のとおりの心を流し込む役目《やくめ》をするのです。

## 言葉を心に服《の》ませる法

そこでクーエは考えついたのです。朝眼《め》が覚《さ》めてまだ寝床《ねどこ》から出ない前と、寝床に入ってもう眠くなってきた自分に、**「これから毎日一層《いっそう》全《すべ》ての点で自分はよくなる」**という言葉を自分にだけ聞えるくらいの小さな声で、二十ぺん口のうちで唱《とな》えて自分に聴《き》かせて、「ほんとうにそうだ。**必ずよくなる**」と心から思い込むようにするのです。これが「精神一到《せいしんいっとう》」です。心で「必ずよくなる」と思い込んで、最後までその思いを変えなければ必ずよくなるのです。何の病気もなく、これという事柄《ことがら》もない時なら「これから毎日いっそう全《すべ》ての点で自分はよくなる」と毎朝《まいあさ》、毎晩《まいばん》二十ぺんずつ唱《とな》えるだけで、全《すべ》ての点でその人は必ずよくなりますが、一日か二日位《ぐらい》それをやってみて、「こんな事でよくならぬ」と思って捨《す》ててしまってはなんにもなりませぬ。それでは「よくならぬ」という心を服《の》んだことになりますから、その心の通りにすべて「よくならぬ」ということになってしまいます。

特に病気でもあるときには、「人間神の子、病気はない、病気のように見えていてもこれは嘘《うそ》だから、すぐ治《なお》る」と朝晩《あさばん》二十ぺんずつ口のうちで称《とな》えるようにするとその病気が速《すみや》かに治るのです。仕事のときでも試験《しけん》の時でも、まず最初に心の中で「神様と一緒《いっしょ》させていただきますから必ずよく**できる**」と五、六ぺん称《とな》えてから、本当に神様と一緒にいるつもりでおれば必ずよくできるのです。「**できる**」という言葉を常にとなえているようにすれば、常に「できる」という心になり、その心は必ず形にあらわれて、本当にできるようになるのです。

人間は、**なりたい**ものになれるのではなく、**なれる**と思うものになれるのです。

人間は、しようと思うものが必ずしもできるのではなく、できると思うものが必ずできるのです。運《うん》がよくなり、偉《えら》くなり、達者《たっしゃ》になり、立身出世《りっしんしゅっせ》できるようになるには、精神の生かし方を知らねばなりません。

## 一人《ひとり》の若い母親の話

一人の若いお母さまが、まだ生れて六ヵ月ばかりの赤ちゃんを負《お》んぶして道場へまいられました。そして「先生、お蔭《かげ》さまで私の六年間の肺病《はいびょう》が治《なお》りました。御礼申上《おれいもうしあ》げます」と言われるのです。お蔭《かげ》さまと言われる理由《わけ》は、この若いお母さんは私の書いた『生命《せいめい》の實相《じっそう》』という本をお読みになって、心がくらりと一転《いってん》して肺病を恐れなくなった結果、生きる力が強くなって、さしもの永《なが》い間の肺病も治ってしまって、お蔭で赤ん坊までも生れたと言うのです。その赤ん坊を生むときもほとんど無痛《むつう》で痛《いた》まないで生れたということです。なぜ、この若いお母さんは今まで肺病が治らなかったかと言うと、肺病を恐れていたからです。人間はなんでも恐れる相手には負けるものです。試験《しけん》に往《い》っても、負けると思ったら及第《きゅうだい》できません。普通《ふつう》のお母さんがお産《さん》をなさる時に陣痛《じんつう》といってお腹《なか》が痛むのも、お産を恐れるからです。この若いお母さんが無痛安産《むつうあんざん》でお産の時に痛《いた》まなかったのも、『生命《せいめい》の實相《じっそう》』を読んでお産は病気じゃないから痛まないのが当然だと思って恐れなくなったからです。

## 排便《うんこ》の出ない赤ん坊

ところが、この若いお母さんは、お礼を言われるだけで、もうお仕舞《しま》いかと思っていましたら、背中の赤ちゃんがムズかり出しました。お母さんは赤ちゃんを安慰《あや》すように揺《ゆ》すぶりながら、「ですけど先生、ちょっとわたくし引掛《ひっかか》りました」と言われるのです。

「何ですか。何に引掛《ひっかか》ったのですか」と私が言いますと、

「先生、この赤ちゃんのウンコが出ません。」

「出るときが来れば出るでしょう。」

「だけど先生、ほうって置いたら一週間でも十日《とおか》でも出ないのですもの。」

「出なかったら、面倒《めんどう》がなくて助かりましょう。」

「イイエ先生、赤ん坊はウンウン呻《うな》って泣き出していかにも苦しそうです。」

「なぜウンコが出ないのかあなたに判《わか》りませんか。」

「判りません。先生にそれを教えていただこうと思ってまいりました。」

「それはあなたの心が赤ん坊に引掛《ひっかか》っているからです。あなたは御自分でそうおっしゃったじゃありませんか。」

「ですけど……」

「ですけど？　やはり引掛《ひっかか》らせて置きたいですか？」

「先生、心配です。ウンコが出ないとウンウン呻《うな》るんで、赤ん坊が死にそうなんですもの。」

「死ぬかも知れませんな。」

「死んだら困ります。先生、助けてください。」

「引掛《ひっかか》っていては思うように出ないのは当り前じゃありませんか。だから、その引掛《ひっかか》る心を捨《す》てなさい。出るべき時が来たら出るんですから。」

「だって、ウンウン呻《うな》って死にそうなんですもの、浣腸《かんちょう》せねばいられません。」

「浣腸したかったら、浣腸なすったらよろしい。」

「ですけど、先生、いつまでも浣腸しなければ出ないでは、大人《おとな》になってから困るだろうと思います。」

「困るでしょうね。」

「先生、困らないようにしてください。」

「困ると思うから困るようになるのです。困らないようになるには困ると思わぬことです。ウンコは出るようになっているのです。孔《あな》があるところに溜《たま》っているのですから、出るより仕方《しかた》がないのです。それが出ないのは心にウンコが引掛《ひっかか》っているのです。」

こう私は申《もう》しまして、この若いお母さんの恐怖心《きょうふしん》を除《と》ってあげるために、こんな話をいたしました。次に話すところは本当の話なのです。

## 肛門《こうもん》の無《な》かった子供

それは東京の本所《ほんじょ》に住んでいる或《あ》る魚屋《さかなや》の主婦《おかみ》さんでありました。或る日一人《ひとり》の男の子を連れて来られて申《もう》されますのに、「先生、この子供は浣腸《かんちょう》しないとウンコが出ないのです。近頃では浣腸をしてもなかなか出ません」と訴《うった》えられます。そこで私は、「刺《し》激《げき》というものは馴《な》れてきますと、強烈《きょうれつ》な刺激でないと感じなくなりますから、浣腸のような人工刺激《じんこうしげき》で排便《はいべん》を促《うなが》していたら、次第《しだい》にその浣腸薬《かんちょうやく》を強くしなければ出なくなります」と言いますと、その魚屋の主婦《おかみ》さんは、

「実は先生、この子供は当り前の肛門《おしりのあな》がなかったのです。生れたときには肛門《こうもん》というものが全然《ぜんぜん》なく、放《ほう》って置いたら死ぬというので、早速《さっそく》この辺というところを切開《せっかい》して貰《もら》いましたら、もう直《す》ぐそこまで直腸《ちょくちょう》がきておりましたので、そこへ人工肛門《じんこうこうもん》を造っていただきました。人工肛門ですから肛門括約筋《こうもんかつやくきん》がないので、思うように肛門を締《し》め括《くく》

るこども開くこともできないのです。ですから、毎日適当《てきとう》の時を見計《みはか》らって浣腸《かんちょう》するしか仕方《しかた》がないのです。」

「なるほど。」

「最初、人工肛門《じんこうこうもん》を拵《こしら》えていただきました頃には、ちょうど適当の大きさでございましたけれども、だんだん子供が成長《せいちょう》するに連《つ》れて、孔《あな》の周囲の肉が太ってまいりまして、段々孔《あな》が小さくなってきました。それで浣腸しましても便《べん》が出難《でにく》くなったのでございます。」

「あなたは時々腹《はら》が立ってムシャクシャしや致《いた》しませんか。」

「腹が立つことは悪いと知っていますから腹が立っても怺《こら》えているようにして決して外に出しません。」

「そうでしょう。穢《きたな》いものを腹の中に溜《た》めていて、それを出さない心でいるからだ。」

「そんなら腹の立つときには、その腹立《はらだ》ちを口に出した方《ほう》がよろしいでしょうか。」

「そうでもありませんね。言葉に出して言い合えば互いにいっそう腹が立って、穢《きたな》いものが腹《はら》に溜《たま》るでしょう。」

「それでどうすればよろしいのでございますか。」

「さらりとその腹立ちを水に流すのですね。そうしたら、サラリと、そのお子さんの便《べん》も流れて出ることになりゃしませんか。」

こう言ってあげましたら、その翌日《よくじつ》その魚屋《さかなや》の内儀《おかみ》さん（編註・奥さんのこと）がやって来て、「先生昨日《きのう》から、この子供の便が浣腸《かんちょう》をしないでも自然に出るようになりました」と言われたのです。……

＊

私はこの話をしてあげました。そして「人工肛門《じんこうこうもん》の子供でさえもこのように母親の心持《こころもち》一つで自然に排便《はいべん》があるようになるのです。ましてあなたのお子さんなどは自然の肛門があるのですから、あなたの心さえ引掛《ひっか》けねばだいじょうぶですよ。溜《たま》っているのは子供の便《べん》でなしに、あなたの心持なのですから。」

こう申上《もうしあ》げた翌々日《よくよくじつ》、その奥様は私の道場へ出て来られて、「先生、今日《きょう》、生れて初めて赤ん坊が自然に排便《はいべん》をいたしました。もう嬉《うれ》しくてありがたくて堪《たま》りません」とお礼を言われるのでありました。

## 嬉《うれ》しい、ありがたいは何処《どこ》にもある

皆さん。あなたたちは毎日自然に排便をしてこのお母さんのように嬉しくありがたく感じなさいますか。嬉しいありがたいことは到《いた》る処《ところ》に満ちているのに多くの人たちは嬉しいともありがたいとも感じません。嬉しいありがたいということは、「この事柄《ことがら》」でないとありがたくないというような一定の事柄ではないのです。人間の心の目が開いてどこにもある本当のありがたさを悟《さと》ったら、何時《いつ》でも何処《どこ》にでも排便の中にでもありがたさがあるのです。それだのに、毎日不自由なく当り前に暮《くら》させていただいている私達は、まるでありがたい中《なか》に浸《ひた》っているのと同じことです。

## なぜ、この赤ん坊は治《なお》ったか

それはとにかく、なぜ、この赤ちゃんの便《うんこ》が前には出なかったのでしょうか。それは「便《うんこ》が出なかったら、この赤ちゃんは死ぬかも知れぬ」と恐れていたからです。それから、私の話をきいてこの赤ちゃんの便《うんこ》が自然に出るようになったのはなぜでしょうか。それは、「人工肛門《じんこうこうもん》の子供でさえも自然に便《うんこ》が出るのだから、ましてあたりまえの肛門《おしりのあな》のある子供なら大丈夫《だいじょうぶ》だ」と便《うんこ》が出ないことを恐れなくなったからです。本当に恐れるものは皆来《みなきた》るのです。恐れさえせねば達者《たっしゃ》であるはずの子供が、恐れたがためにどれほど病気をしているか判《わか》りません。たいていの悪い出来事《できごと》は、本人か、子供か、親かの恐れる心が映《うつ》っているのです。

## 恐れないようになる秘訣《ひけつ》

では恐れないようにするには、どうしたらよいのでしょう。それにはこの世の中には本当に恐ろしいものとては無《な》いことを知ることです。人間は神の子であり、この世界は神の造り給《たま》うた世界であり、私達は常に神に護《まも》られていることを知ることです。これを知らないで、恐れるなと言っても駄目《だめ》です。だから皆さんは『生命《せいめい》の實相《じっそう》』の本や、この『人生読本《じんせいとくほん》』をよく読んで、なるほど人間は神の子だという事実を知るのが恐れなくなる一番の捷径《ちかみち》です。

高い所へ上《あが》っても恐れて下を見れば、足が顫《ふる》えて墜《お》ちるでしょう。恐れないでおれば足が顫《ふる》えないから墜ちないのです。墜ちると墜ちないとは、恐れると恐れないとできまります。ですから皆さんは、常に心の内で「自分は神の子だから、決して悪いことは起ってこない」と、常に自分が神の子であることを思い出す毎《ごと》に、こう心の中で、又《また》は口の中で称《とな》えて、自分が神の子であるという自覚を強めて、何事《なにごと》にもいかなる時にも恐れない心を養《やしな》わねばなりません。

およそ恐怖心《おそれるこころ》は今現《いまげん》に無《な》いことを恐れることが多いのです。高い所に立って下を見て恐れるのも、墜《お》ちたら怖《こわ》いと思うのですが、まだ墜ちていないのですから、墜ちたら怖いという考えは今は無《な》いところの事柄《ことがら》を恐れているのです。有《あ》ることなら恐ろしいのも無理《むり》はありませんが、無いことを恐れるのは馬鹿《ばか》なことです。試験《しけん》に辷《すべ》ることを恐れるのも、まだ辷《すべ》っていないのですから、無いことを恐れているのですから、恐れるのは愚《おろ》かなことです。却《かえ》って落第《らくだい》してしまった人は、恐れはしないものです。却って高いところから墜ちてしまった人は、痛《いた》かったかも知れませんが、もう恐れはしないものです。およそ、「恐れる」ということは今は「無い」ことを恐れるのですから、有《あ》り得《え》ないウソの心なのです。

## 恐れる心を無《な》くする法

そこでこんな事が判《わか》りましょう。恐れる心は無《な》い物に対して起る感情《こころ》なのですから、「恐れる心」があるようにみえていても、本当はないものなのです。それは幽霊《ゆうれい》と同じように**無《な》いもの**なのですけれども、あると思っている間だけあるようにみえるのです。ですから恐れる心は無《な》いものだと知ったときに、恐れる心は消えてしまうのです。恐れたら悪いから恐れないようにしようと思って、「恐れまい、恐れまい」と恐れる心を抑《おさ》えても恐れる心は消えるものではありません。恐れる心をなくするには、「自分は神の子だから、恐れる心はないものだ。恐れているようにみえていても、自分はちょっとも恐れていない。この恐れる心は神の子である自分の心ではない。自分は少しも恐れていない。自分とは別のありもせぬ心が恐れているのだ。勝手にしろ！」という気になったら却《かえ》って恐れる心は消えてしまうものです。恐れるようなケチ臭《くさ》い心が自分の心だと思っていたのが悪かったのだ、自分は神の子だから恐れるものはこの世にひとつもないのだと思うようにし、どんな難《むつ》かしくみえることでも、喜んで愉快《ゆかい》にやることにいたしましょうね。そうすればあなたは必ず立派《りっぱ》な仕事ができて、出世《しゅっせ》をするのに定《きま》っています。神の子は恐れないで、その時その時を生かして行《ゆ》くようにすれば、成功するのに定《きま》っているのです。

## ヘレン・ケラーの何処《どこ》が偉《えら》いか

ヘレン・ケラーの言った言葉に、「何でも明るく見る心、光明主義《こうみょうしゅぎ》は物事《ものごと》を成《な》しとげる基《もとい》である。希望がなければ、何事《なにごと》をも成しとげることはできない」というのがあります。

ヘレン・ケラーは三歳の時、脳膜炎《のうまくえん》という病気を患《わずら》い、その結果、眼《め》は見えなくなり、耳は聞えなくなり、言葉は言えなくなったのだということですが、その後眼《ご》で見ず、耳で聴《き》かずして、皮膚《ひふ》や指先《ゆびさき》や匂《にお》いなどによって、世の中のすべてのことがよく判《わか》るようになり、人生の三重《さんじゅう》の苦しみを征服《せいふく》した聖女《せいじょ》として尊敬《そんけい》されていますが、それにはヘレン・ケラーを教えたサリヴァン先生の教え方が上手《じょうず》であったのにもよりましょうけれども、ヘレン・ケラー自身が、盲《めくら》になり、聾《つんぼ》になり、唖《おし》になっても、少しも失《しっ》望落胆《ぼうらくたん》せず、心に希望《のぞみ》をもっていたからです。失望とは心に望みを失うことです。落胆とは勇気を落して、気が沈んでしまうことです。眼《め》が見えず、耳が聞えず、口が利《き》けなくとも、希望を失わず、勇気を落さずにいたら、人間はヘレン・ケラーのように偉《えら》い者になれるのです。眼が見え、耳が聞え、口が利ける皆さんが希望を失わず、勇気を失わず、自分の目的とする所へ突進《とっしん》して往《い》ったら、どれほど優《すぐ》れた人になれるか、考えてみずとも判《わか》るでしょう。

# 希望は人生の光

希望は人生の光です。眼《め》が見え、太陽の光や電灯《でんとう》の光が見えていても、希望を失った人は心の光を失った人で、その人の人生は真暗《まっくら》です。だから、よく見える眼を持ちながらでも、この世の中は真暗《まっくら》だといって自殺する人もあります。希望《のぞみ》さえあれば、今はその人がどこにおろうとも前途《ぜんと》は明るいのです。希望《きぼう》は自動車のヘッド・ライトのようなものです。勇気は自動車のエンジンのようなものです。希望《きぼう》で前途を照しながら、勇気のエンジンを駆《か》り立てて毎日進んで行くならば、皆さんは、たとい今どんな所にいられようとも、前途は必ずよい世界へ出られるのです。

## 朝起きたときの心掛《こころが》け

世の中で最も大きく成功した者はみんな心の明るい愉快《ゆかい》な人ばかりです。朝起きたとき先《ま》ず、「自分は楽しい、自分の前途《ぜんと》には光が輝いている」と三べん心の中《なか》で言って、微笑《びしょう》してから起きなさい。微笑をもって一日を迎《むか》えるのです。必ずその日一日楽しく勉強や仕事ができるでしょう。先生や目上《めうえ》の人から賞《ほ》められるでしょう。どんな難《むつ》かしい事がきても、先《ま》ず微笑してその難《むつ》かしくみえる事柄《ことがら》に対《むか》って、「ねえ、君、君と私と仲《なか》好《よ》しになりましょう。仲が良《よ》くなったら、君は私に難《むつ》かしい顔をしないでしょう」と微《ほほ》笑《え》み掛《か》けて、その事柄に、愉快に楽しく朗《ほが》らかにぶっつかることです。必ずあなたは、その難《むつ》かしくみえた事が、容易《やさ》しくなり、スラスラと事を運ぶことができるでしょう。朗かな愉快な微笑は、どんな難《むつ》かしいことでも易《やさ》しく滑《なめ》らかにする油《あぶら》の役目をするものです。

## 憂《うれ》い顔では出世《しゅっせ》せぬ

「憂《うれ》い顔《がお》の奥さんを持つな、一生出世《しゅっせ》せぬ」という諺《ことわざ》があります。憂い顔とは、陰気《いんき》くさくふさぎ込んだ顔のことです。陰気くさい顔をしていれば、本人が人に嫌《きら》われるばかりでなく、その良人《おっと》まで出世させせなくするのです。顔の感じは習慣性《しゅうかんせい》ですから、少し気をつけ、朗《ほが》らかに愉快《ゆかい》に微笑《びしょう》するようにすれば、どんな陰気な憂い顔でも暫《しばら》くのうちに、陽気《ようき》な明るい顔になれます。

陰気な顔と、陰気な心は、物を壊す作用《はたらき》を有《も》っていますが、陽気《ようき》な顔と、陽気な心は、物を生かし、物を成《な》し就《と》げさし、更《さら》に新しく良《よ》い考えを思いつかす力を持っています。陽気は、人生という複雑《ふくざつ》な機械《きかい》の摩擦《まさつ》を少なくする油《あぶら》です。陽気の油を差してさえ置けば人と人との間に摩擦は起《おこ》りません。どんな正しい人でも、陰気臭《いんきくさ》く、人の暗いところばかりを探《さが》しあるいて告《つ》げ口《ぐち》しているような人は、人生という機械《きかい》に砂利《じゃり》を抛《ほう》り込むようなものです。そんな人の人生は直《す》ぐに壊れてしまって仲《なか》が悪くなってしまいます。内緒《ないしょ》で告《つ》げ口《ぐち》しても、告げ口は必ず聞えるものです。他《た》の人の善《よ》いことを告げ口しておれば、その人は必ずよくなり、その人と必ず仲がよくなります。他《た》の人の悪いことを告げ口しておれば、その人は必ずいっそう悪くなり、その人と必ず仲が悪くなります。言葉は種子《たね》です。悪いことを話しては悪いことは殖《ふ》えます。善《よ》いことを話したら善いことは殖えます。愉快《ゆかい》な、毒にならない、明るい話ばかりをするようにいたしましょう。

## 明るい心は健康《けんこう》の基《もとい》

愉快な明るい毒にならない言葉と申《もう》しましたが、愉快な明るい心と言葉とは毒にならないでかえって薬となりますが、陰気《いんき》な、暗い、ふさぎ込んだ心と言葉とは毒になります。それは人の運命《うんめい》を悪くする毒になるばかりではなく、人の健康を悪くする毒になります。黒住教《くろずみきょう》（編註・江戸後期に開かれた神道系の宗教）の宗教《おしえ》を開いた黒住宗忠《くろずみむねただ》という人は、一週間ほどの間に両親が相継《あいつ》いで死んだものですから、悲しみの末、胸がふさがり、陰気《いんき》な暗い暗い心になったものですから、肺病《はいびょう》にかかりましたが、人間は肉体《にくたい》は死んでも魂《たましい》は生き通しであることを悟《さと》って、心がクラリと一転《いってん》しまして、毎日にこにこ笑うようになられましてから病気が治《なお》ってしまったのです。

そんな話は、生長《せいちょう》の家《いえ》の誌友《しゆう》の中にはザラにあります。日本ばかりではない、マーデン博士《はくし》（編註・オリソン・マーデン。米国における成功哲学の父と呼ばれている）の本の中にも、米国アラバマ州の一人の肺結核患者《はいけっかくかんじゃ》の農夫《のうふ》が、或《あ》る日、野良《のら》へ出て鍬《くわ》をもって田を耕《たがや》しているときに多量の喀血《かっけつ》をしたが、助かったという話が書いてあります。慌《あわ》てて招《よ》ばれて来た医者は、余《あま》り多量の喀血なので、その農夫に「あなたはもう助からぬ」と申《もう》しました。その農夫は「まだ死ぬのは早い」とだけ申しました。しかし起きあがる力もなく唯《ただ》じっとしておりました。家族が出て自宅へ舁《かつ》ぎ込みます。そのうちにやっと物にもたれて坐《すわ》ることができるようになりました。その農夫はこの時はじめて気がつきました。「もう自分は世の中の全《すべ》ての物にお別れする時が近づいたのだ。色々の物のお世話になって私は今まで生きて来た。しかし自分はそれらの物に一度も礼を言ったことがない。いつも自分はすべての物にシカメ面《つら》ばかりを見せて来た。これから何分間《なんぷんかん》生きるかは知らないが、その間じゅう私は、すべてのものに感謝《かんしゃ》して微笑《ほほえ》み掛《か》けよう。」

こう決心して、天井《てんじょう》にも、机にも、敷物《しきもの》にも、本にも、そのあたりに見えている全《すべ》てのものに常に間断《かんだん》なく心で、「君たちありがとう、君たちありがとう」と感謝して微《ほほ》笑《え》みかけることにしました。間もなく、病人は見違《みちが》えるように元気になり、喀血《かっけつ》のために減っていた血も暫《しばら》くのうちに殖《ふ》えてきて、前よりも一層健康《いっそうけんこう》な愉快《ゆかい》な男になってきた――とマーデン博士《はくし》は書いております。

## 常に微笑《びしょう》せよ・常に感謝《かんしゃ》せよ

明るい微笑《びしょう》と感謝の心こそ、浄《きよ》い健康な血液《けつえき》の造血者《つくりて》なのです。造血剤《ぞうけつざい》をいくら服《の》んでも暗い心で血を瀆《けが》していては何にもなりません。多くの病人が治《なお》らないのはそのためです。心が腐《くさ》れば肉体《にくたい》が腐るのです。心が腐れば事業《じぎょう》が腐るのです。「笑う門《かど》に福来《ふくきた》る」です。明るく笑う人の前には、常に健康《けんこう》と幸福との門《もん》が開いているのです。微笑《びしょう》にまさる健康法《けんこうほう》も幸福法《こうふくほう》もありません。

## 腹の立った時は人を咎《とが》めてはならぬ

他《ひと》が間違《まちがい》をしても、相手を愛する心でその間違《まちがい》を静かに教えてあげることはよろしいが、それを荒立《あらだ》てて、激《はげ》しい言葉で非難《ひなん》するなどということはよくありません。もし相手を憎《にく》む心が起って、腹が立っているのでしたら、むしろ何も言わない方《ほう》がよいでしょう。激しい言葉を使えば、そういう激しい言葉を出す自分自身の心が乱れます。頭がイライラして不愉快《ふゆかい》になります。その不愉快がいつまでも続いて、一日中暗いムシャクシャした気分で生活しなければなりません。他《ひと》が悪いのに、その悪い人よりも自分自身が暗いイヤな気持《きもち》で暮さねばならぬなど愚《おろ》かなことです。それよりも他《ひと》が悪ければ、その悪いということを、心の外へ逐出《おいだ》してしまうことです。そして反対に「あの人は好《よ》いのだ」と心の中《なか》で何《なに》べんでも強くとなえるのです。何事《ごと》でも心の中《なか》でそれができて、外に現《あらわ》れてくるのですから、心の中《なか》で「そんなことはないのだ」と強く打消《うちけ》せば、その悪い事柄《ことがら》は消えてしまうのです。

## 世の中には何ひとつ悪はない

心を常に明るくするには、この世の中に何ひとつ悪いことはないということを信ずることです。自分にとって都合《つごう》が悪くみえていることでも、それが都合が悪くみえるのは、自分の考え方が狭《せま》いからで、もっと広々《ひろびろ》とした心で考えてみれば、いま都合が悪く見えることも、実《じつ》は必ず後々《のちのち》のためになっているのだと思えば、どんなことでもありがたく愉快《ゆかい》に生活することができるのです。倒れても、倒れなければ得《え》られないところの何かを教えられるにきまっています。躓《つまず》いても、躓《つまず》かなければ得られないところの何かが得《え》られるに定《きま》っています。金持《かねもち》になるような人は「転《ころ》んでもタダでは起きない」と申《もう》しますが、何事《なにごと》によらず世の中で立派《りっぱ》な人だと言われるようになっている人は、転んでも、倒れても、何かを握《にぎ》って起上《おきあが》ってくる人です。その人が再び起上《おきあが》ったときには、転《ころ》げる前より偉《えら》くなっているのです。こういう人には失敗というものはありません。常に成功、転んでも成功、倒れても成功です。こういう人はどんな時にも陰気《いんき》に欝《ふさ》ぎ込んでしまうことはありません。常に明るく、常に微笑《びしょう》しているのです。

## 仕事と勉強をよくする法

仕事をする時には、先《ま》ず「今日《きょう》も一緒《いっしょ》にあなたと仕事をしましょうね」と言って、仕事の材料《ざいりょう》に微笑《ほほえ》みかけよ。勉強をする時には、先ずその勉強の材料に、教科書《きょうかしょ》に、答案用紙《とうあんようし》に、雑記帳《ざっきちょう》(編註・個人などが思いのままを綴ったノート)に対《むか》って、「今日《きょう》もあなたと仲《なか》よく一緒《いっしょ》に勉強しましょうね。あなたはきっと、わたしをよくできる子にしてくださるわ！」こう心で話しかけてから、教科書《きょうかしょ》や、答案用紙《とうあんようし》と仲《なか》よくなって勉強することです。教科書や、答案用紙を嫌《きら》いつつ、「お前なんかがこの世の中にあるものだから、私が勉強しなければならぬ、なんて詰《つま》らない事だろう」と思って、教科書や答案用紙を憎《にく》みながら勉強したのでは、勉強は上手《じょうず》になりません。

## 明るい人はなぜ出世《しゅっせ》する

事業《じぎょう》の成功ということも、就職《しゅうしょく》の希望《きぼう》がかなうということも、良《よ》き良人《おっと》や妻を迎えるということも、すべて明るい、元気な、その人の顔を一目《ひとめ》見るだけで、とても愉快《ゆかい》になり、気持《きもち》がよくなるような人間であってこそ速《すみや》かに得《え》られるのです。誰《たれ》でも、こんな人に会ったら好意《こうい》を感ぜずにはいられません。こんな人から頼まれることは嫌《いや》だとは言われません。こんな人には何か助けをしてあげたくなります。雇《やと》ってくれと頼まれれば雇《やと》わずにはとてもいられません。そういう人は、他《た》の人々を自分の思う通りに動かす魔《ま》術《じゅつ》の棒《ぼう》を持っているようなものです。その魔術の棒はどこにあるか。それはあなたの明るい心と明るい微笑《びしょう》とにあるのです。

## 自分の人物試験法《じんぶつしけんほう》

先《ま》ずあなたの顔を鏡《かがみ》に映《うつ》して御覧《ごらん》なさい。当り前にしている時の心持《こころもち》で、故意《こい》と顔の表情《ひょうじょう》をかえないで、今あるままの顔で、口をボンヤリ開《あ》いているならば開《あ》いているままで、眉《まゆ》をしかめているならば顰《しか》めているままで、ソーッと今あなたの机の上にある手鏡《てかがみ》を、あなたの顔の前に持ってお出《い》でなさい。そして、その鏡の中に映《うつ》っている自分の顔を御覧なさい。あなたの顔は明るい気持《きもち》のよい顔をしておりますか。あなたの今の顔は自分でも好きですか。自分でも嫌《いや》になるような陰気《いんき》な顔をしておられはしませんか。口がポカンと開《あ》いている癖《くせ》があったら、これから常に心を引締《ひきし》めて物を言わない時には、口をしっかり噤《つぐ》んでいる習慣《しゅうかん》をつけましょう。眉《まゆ》を顰《ひそ》めているならば、これから常に眉と眉との間を引伸《ひきの》ばすような心持《こころもち》で生活しましょう。眼《め》に険《けん》（編註・とげとげしさ）があって鋭《するど》ければ、母にあまえるような一番柔《やわら》かな気持《きもち》で物を見るようにしましょう。眉をひそめている習慣があるのは、心が常にイライラしているか、焦《あせ》っているか、悲しんでいるか、狭《せま》い心でいる証拠《しょうこ》ですから、眉を左右へ伸《の》ばして暢《の》んびりとした広々《ひろびろ》とした愉快《ゆかい》な気持におなんなさい。そして口辺《くちのあたり》に微笑《びしょう》を湛《たた》えて、すべての物に微笑《ほほえ》みかける気持になんなさい。そういう人は人生の宝です。世の中が世知辛《せちがら》くなって、みんながイライラした顔をしている中《なか》に、そういう愉快《ゆかい》な輝かしい顔をしている人は人生の宝です。人生の宝ならばあちらからもこちらからも来て欲《ほ》しいという人が多数で、思わぬ幸福はそこから生れて来るのです。これが出世《しゅっせ》する道、幸福になる道です。

光明思想社の本

谷口雅春編著

人生の鍵シリーズ（全4巻）

人生調和の鍵

無限供給の鍵

生活改善の鍵

希望実現の鍵

責任編集　公益財団法人生長の家社会事業団 谷口雅春著作編纂委員会

各巻定価一、六七六円　四六判・並製
（本体一、五二四円＋税10％）

あなたを幸福に導く〝黄金の鍵〟がここにある！　不況、就職難、病気、人間関係、家庭内不和など人生上の苦しみが消える！

あなたを繁栄に導く〝黄金律〟！　永遠の繁栄は「与えよ、さらば与えられん」の大法則を実行することによって得られる！

あなたの運命と生活を改善する〝心の法則〟をあらゆる角度から詳述。あなたの人生上の苦難はあなたの心が解決する！

心の障害を取り除き、自分の能力にブレーキをかけるな！　そして、地平の彼方に無限に続く大いなる宇宙的な夢を描け！

人生読本《じんせいとくほん》

平成二十三年一月二十五日　初版発行
令和　三　年九月　二十　日　三版発行

著　者　谷口雅春《たにぐちまさはる》

責任編集　公益財団法人生長の家社会事業団
　　　　　谷口雅春著作編纂委員会

発行者　白水春人
発行所　株式会社　光明思想社
　　　　〒一〇三－〇〇〇四
　　　　東京都中央区東日本橋二－二七－九
　　　　　初音森ビル10F
　　　　電話〇三－五八二九－六五八一
　　　　郵便振替〇〇一二〇－六－五〇三〇二八

装　幀　松本　桂／浅羽壮一郎（カバーイラスト）
本文組版　メディア・コパン
印刷製本　モリモト印刷


ISBN978-4-904414-11-8

# 索引

＊頻度の多い項目は、その項目を定義、説明している箇所を主に抽出した。
＊関連する項目は→で参照を促した。
＊諺・箴言・真理の言葉は別項を立てて一括掲載した。

〔く〕



〔け〕



〔こ〕

〔さ〕



〔し〕

〔る〕



〔れ〕



〔ろ〕



〔わ〕



## 諺・箴言・真理の言葉